이 책을 먼저 읽은 CEO들

공정하게 거래하고 투명하게 경영하는 것이 윤리 경영이다. 이는 경영자의 책임이다. 저자는 이 책을 통해 윤리 경영의 본질을 제시하고 있다.
남승우_ 풀무원홀딩스 회장, 한국 피터 드러커 소사이어티 공동대표

누구나 인재가 될 수 있는 훌륭한 인생의 지침서가 나왔다. 양심과 정의를 강조하면서 자유인이 되려는 미래의 인재들에게 꼭 필요한 자기 계발서다.
윤경로_ 듀폰코리아 부사장, 글로벌인재경영원 원장

피터 드러커를 통한 사원과 CEO를 위한 기업과 인생 경영의 학습서.
이강호_ 한국그런포스펌프 대표, 경영학 박사

자유인이 되기 위한 자기 경영에 도전하는 것은 당연히 위험을 동반하지만, 이 책을 참고로 꼭 해볼 만한 일이다.
이동형_ 런파이프 대표, 싸이월드 창업자

자유인의 꿈을 품은 사람들에게 권한다. 이 책이 그 꿈을 펼치도록 하는 날개가 될 것이다.
이행희_ 한국코닝 대표, 다국적기업최고경영자협회 회장, 경영학 박사

피터 드러커의 선물
자기 경영의 조건

피터 드러커의 선물
자기 경영의 조건

조영덕 지음

지금 당장 근로 노예 상태에서 벗어나 자기 경영자가 될 수 있는가? 자기 경영자는 곧 자유인이다. 자유인은 자기 관리와 통제가 철저한 사람이다. 양심과 정의에 따라 행동하는 자유인이 리더가 되면, 그 사회는 향기가 난다.

추천사

선택은 자기 관리가 따른다

피터 드러커는 인류사에서 가장 중요한 사건은 사람들이 스스로 "(경력과 직업을) 선택하게 된 것"이라고 말했다. 즉 인류사의 가장 중요한 사건은 기술도 아니고, 인터넷도 아니고, 전자 상거래도 아니고, 인간들이 '자발적 선택'을 할 수 있게 되었다는 것이다. 선택에 따른 필수 조건이 '자기 관리'인데, 사회는 이런 변화에 전혀 대비하지 않았다는 것이 드러커의 역사 인식이다. 이것이 드러커가 학습의 중요성을 강조한 배경이다.

《자기 경영의 조건》은 인간이 지식을 통해 폭넓게 선택할 수 있는 자유인이 되었음을 천명한 피터 드러커의 역사관을 철저하게 따르고 있다. 이에 입각하여 미래를 통찰하고 대비하기 위한 자기 경영을 체계적으로 조명하는 것이다.

이 책은 드러커의 통찰을 10단계 자기 경영 조건으로 정리하고, 단계별로 자신에게 던져야 할 질문과 실천 팁을 제시하며 실행 방안을 강구한다. 역사를 통해 터득한 지혜로 미래의 신호를 해석하는 혜안이 돋보이는 피터 드러커의 자기 경영 교훈을 저자가 터득하고 이해한 실천 방안과 연계한 점은, 흔히 드러커의 아이디어를 고전으로 생각하는 현대의 관리자와 경영자들에게 신선한 각성이 될 것이다. 특히 저자가 다양한 현대 경영 기법과 드러커의 자기 경영 지혜를 접목한 실험은 도전적이면서도 과거의 습관을 폐기하는 데 용기를 북돋운다.

이 책은 효과적 관리·경영의 전제 조건은 "관리자의 자기 경영"이라고 딱 잘라 말한다. 성취와 결과를 만들어내는 강점을 파악하고, 이를 부단히 연마하는 것이 목표 달성 능력을 갖춘 성공적 관리자의 필수 조건이라는 얘기이다. 또 자칫 관념적·추상적 사유에 머물 수도 있는 세상에 대한 탐구, 행복한 자유인의 모습, 삶의 주도, 긍정적 자유인, 용감한 자유인 등의 모습을 구체적으로 제시하여 삶의 방향과 효과적 실천 방안을 모색하는 데 도움을 준다.

그러므로 이 책은 자기 관리 교과서다. 아끼는 사람에게 권할 가치가 있는 책이다.

장영철
(경희대학교 경영대학 교수, 한국 피터 드러커 소사이어티 공동대표)

서문

길이 없다고 갈 수 없는가

"미래를 예측하는 가장 좋은 방법은 그 미래를 창조하는 것이다."
—피터 드러커

드러커는 1909년 11월 19일 오스트리아·헝가리제국의 수도 빈에서 태어났다. 지금은 인구 800만 명이 조금 넘는 알프스의 작은 나라 오스트리아로 남았지만, 당시만 해도 오스트리아·헝가리제국은 인구 5000만 명에 이르는 대국이었다.

드러커는 초등학교 4학년 때 담임이자 교장인 미스 엘자 선생에게 큰 영감을 받았다. 그녀는 어린 드러커에게 "너는 작문을 잘할 수 있는데 별로 연습하지 않는구나"라면서 지금부터 작문 연습을 목표 가운데 하나로 삼자고 조언했다. 드러커가 자기는 문필가라고 얘기했듯이 그의 글쓰기 기초는 이때 만들어졌다. 드러커의 아버지는 아들의 악필을 고쳐주기 위해 엘자 선생과 함께 노력을 기울였고, 글씨 연습 학원까지 보냈으나 고쳐지지 않았다. 드러커는 이때의 경험을 교훈 삼아 "약점을 개선하려는 노력보다 강점에 집중하여 더 잘할 수 있도록 해야 한다"는 통찰력을 얻었다.

김나지움 시절 종교 담당 필리글러 신부가 학생들에게 질문했다. "여러분은 죽고 나서 다른 사람들에게 어떤 사람으로 기억되기를 바라는가?" 어린 학생들에게 이런 철학적 질문은 몹시 당황스러웠을 것이다. 잠시 침묵이 흐른 뒤 신부는 웃으며 말했다. "나는 너희가 지금 이 질문에 대답할 수 있을 거라고 기대하지 않았다. 그러나 쉰 살이 될 때까지 이 질문에 답할 수 없다면 헛산 거야." 이 질문은 드러커에게 평생의 화두가 되었으며, 친구들은 나이가 들어서도 이 질문을 기억하고 살았다.

드러커의 멋진 유머를 상상하면 입가에 절로 미소가 감돈다. 어느 인터뷰에서 "한가한 시간에는 무얼 하시나요?"라고 묻자, 그는 장난기 어린 표정을 지으며 "한가하다는 것이 도대체 무슨 의미인가요?"라고 반문하여 질문한 사람을 당황하게 만들었다. 그리고 답했다. "내게 한가한 때는 없어요. 나는 일을 하지 않으면 책을 읽는다오. 그것도 확실한 계획을 세워서 집중적으로 말이지." 드러커는 92세 때 또 다른 인터뷰에서 "은퇴는 언제 하시렵니까?"라고 묻자, 각운을 맞추어 "I have no desire to retire"라고 했다.

드러커의 사상을 공부하다 보면 그 통찰력에 매료되어 빠져드는 것을 느낀다. 달리는 열차 안에서 창밖을 바라보는 사람들이 있다면, 드러커는 유리창에 비친 모습만으로 안팎을 보는 사람이다.

"참 자유인은 자발적 복종에서도 벗어나야 한다." 홍세화의 말이다. 사람은 만족하기 위해 선택한다. 자유의 본질은 선택에서 자유를 누리는 것이다. 그러므로 사회생활에서 자유인이 되려면 용기가 필요하다. 돈의 힘은 사람들의 상상을 초월하고, 이념이 개입되면 목숨까지 잃을 수도 있다. 육체적으로 아무런 구속을 받지 않는다고 자유인이라고 할 수는 없다. 정신적으로 자유로운 것은 물론, 경제적 자유도 확보해야 한다.

《어린 왕자》를 쓴 생텍쥐페리는 "진정한 행복은 자유 안에 존재하는 것이 아니라 의무를 이행하는 가운데 존재하는 것"이라고 했다. 자유는 책임과 의무를 실행함으로써 획득하는 것이다.

어떤 사회에서든 노예로 살고 싶어 하는 사람은 없지만, 현대사회에서는 다수가 근로 노예의 상황에서 벗어나기 어렵다. 소수의 주인을 위한 다수의 노예는 자본주의사회의 플랫폼이다. 노예 사이에도 계층이 형성되어 노예 아래 다른 노예가 존재하는 불합리한 사회구조가 깊어진다. 많은 사람들이 잘 먹고 잘 입고 잘 사는 길을 찾지만, 대개 그 길은 스스로 노예가 되는 길이다. 황야의 노숙보다 온실의 따뜻함이 안전하고 좋기 때문이다. 아이러니가 아닐 수 없다.

당장 의식주를 해결해야 할 처지라면 노예의 조건을 거부할 용기가 없다고 해서 그들을 폄하하거나 비난할 수도 없다. 노예의 진짜 문제는 거짓과 부조리, 비양심적 행위를 눈감고 실행하는 데 있다. 사람은 나이가 들수록 세파에 익숙해지기 때문에 이런 문제를 받아들이는 폭이 넓고 깊어진다. 정치적 진보와 보수가 나이와 연관되는 것도 이 때문이다.

자유인의 길은 분명 험난하다. 모든 사람이 바라는 길이지만, 두려움을 이기고 자유인의 세계로 들어서기 위해서는 자기통제가 필수 도구다. 데카르트는 "나는 생각한다. 고로 나는 존재한다"는 명언을 남겼는데, 자유인은 주어지는 것이 아니라 자유의 주인이 되려고 생각하는 사람만 발견하고 그 자격을 획득할 수 있다.

드러커는 사람들에게 '목표를 달성하도록 도와준 사람'으로 기억되기를 바란다고 했다. 스티브 잡스가 아이폰으로 세상을 바꾼 사람이라면, 드러커는 경영학을 통해 잡스가 세상을 바꾸겠다는 목표를 달성하도록 도운 사람이다. 드러커가 앞서고 뒤따른 잡스의 공헌으로 오늘날 세상은 인본주의에 한발 더 다가가고 있다.

"인간이 정복할 수 없고 가장 희소한 자원인 시간의 평균대에서 주어진 인생을 어떻게 경영해야 후회를 최소화하고, 인격자로서 인간 생활을 유지하면서 경제적·신체적·정신적 자유를 구가할 수 있는가"라는 질문에 도전해본 것이 이 책이다. 행복한 사회는 사회 구성원들이 1인 자기 경영의 한계 성공을 이루었을 때 가능하다.

이 작업은 독서, 강의, 저술이라는 학습 부등식의 최종 단계에 이르는 결과물이다. 동기의 3요소인 재미, 감동, 유익을 제공하는 드러커의 통찰력을 공동체 구성원 여러분과 나누고자 한다. 흔히 인생이라고 말하는 인간 생활은 운명과 숙명의 미

적분으로 구성되며, 인연과보라는 자연 생리 순환의 4단계를 벗어날 수 없다. 사회에서 인생을 경영해야 하는 우리에게 인생 경영이 뜻대로 되지 않을뿐더러 그리 쉬운 일이 아님을 모두 공감할 것이다. 독립적인 자기 경영자로서 인생의 주인이 되겠다는 목표를 정하고, 올바른 인격자로서 무엇을 어떻게 공헌할까 하는 점을 평생의 과업으로 삼은 드러커를 통해 내가 보는 자기 경영의 조건을 제시하여 우리 모두 지식 근로자로서 주인이 되기를 바란다.

이 책은 드러커가 바라는 자유인 클럽의 티켓이며 근로 노예 탈출권이다. 자유인이 되겠다는 욕망을 포기하지 않은 모든 분들에게, 자신의 잘못이 아닌데도 길이 없어 희망의 끈을 놓아버린 분들에게 이 책을 바친다. 찾으면 길이 있다. 이 책이 기꺼이 길라잡이가 되겠다.

드러커는 2005년 11월 11일 96세 생일을 앞두고 타계했다.
Farewell the Honorable Professor Peter F. Drucker!

조영덕

차례

추천사 | 선택은 자기 관리가 따른다 · 4
서 문 | 길이 없다고 갈 수 없는가 · 6

프롤로그 | 왜 자유인인가 · 18

지금이 바로 그때다 | 경쟁은 목표가 아니다 | 정답이 아니라 해답 | 1인 자기 경영자

Step 1 | 나에 대한 탐구

1. 나는 누구인가 · 28
모든 일의 시작은 why | 나는 누구인가 | 거울 테스트 | 자화상과 타인의 눈 | 내가 가야 할 길 | 우연과 필연의 집합 | 나는 어떤 유형인가 | 나에 대한 3가지 질문 | 하고 싶은 일을 하는 것

2. 나는 지금 어디로 가고 있는가 · 47
나의 방향을 매일 확인해야 | 선택하는 자유와 선택된 부자유 | 언행일치와 계획

3. 나는 어떤 사람이 되기를 원하는가 · 52
양심의 소리 | 하고 싶은 일, 잘하는 일, 의미 있는 일 | 인간의 보편적 속성 10가지

나에 대한 질문 3가지
`실천 Tip` 지구 밖 제삼자의 시각

Step 2 | 인생에 대한 탐구

1. 인연과보의 법칙에 따르는 인간 생활 · 72
인간 생활의 원리 | 후회 없이 최선을 다하라 | 생명체 순환의 4단계 | 선순환의 법칙

2. 도전과 응전의 대상인 자연법칙 · 79
작용과 반작용 | 중력과 중력 돌파 | 관성과 관성 극복

3. 에너지 불변의 법칙과 감사의 원리 · 82
에너지 불변 | 가시도 축복이다

인생에 대한 질문 3가지
실천 Tip 피드백의 중요성

Step 3 | 세상에 대한 탐구

1. 우리가 바라는 이상 사회 · 88
도덕 인본주의 | 자연 자유주의 | 양심 자본주의 | 인간 생존의 조건 | 성공이란 어떤 상태인가

2. 우리가 사는 현실 사회 · 97
가치 전도의 현대사회 | 함부로 용서하지 마라 | 관심과 배려 | 동기를 부여하라 | 신뢰하되 검증하라

3. 우리가 만들 수 있는 행복 사회 · 111
당신은 행복한가 | 마음의 업그레이드 | 후회의 최소화 | 과거 탈출과 현실 인식

사회에 대한 질문 3가지
실천 Tip 목표 설정의 원칙

Step 4 | 문제와 문제 해결 그리고 리스크

1. 문제란 무엇인가 · 122

    문제의 의미 | 문제를 어떻게 볼 것인가

2. 문제 해결 방법 4가지 · 126

    문제의 분해 | 문제의 결합 | 문제의 제거 | 문제의 확대

3. 리스크 · 132

    문제 해결에 대한 질문 3가지
    실천 Tip 실용 트리즈의 쉬운 사용법

Step 5 | 자유인의 목표

1. 행복이란 무엇인가 · 138

    행복의 정의 | 행복의 주소 | 행복한 자유인의 인생 구성 3요소

2. 행복한 자유인의 자기 관리 9가지 · 146

    자기 관리 효과 3가지 | 자기 관리 금기 3가지 | 자기 관리 공부 3가지

3. 행복은 선택 · 155

    진짜와 가짜의 분별 | 행복은 선택 | 강점을 강화하는 길

    행복에 대한 질문 3가지
    실천 Tip 시간 자원 관리 방법

Step 6 | 삶을 주도하라

1. 동기 소통자 · 166
   커뮤니케이션 능력 | 상대를 이해하라 | 의사소통의 열쇠, 공감 | 소통의 변화 3단계

2. 실행 전략가 · 175
   실행과 실패 | 전략의 의미 | 혁신과 폐기

3. 휴먼 인격자 · 182
   리더십의 본질은 인격 | 인격적 생산 활동이란 | 자유공간의 활용

   주도에 대한 질문 3가지
   실천 Tip 우선순위 정하기

Step 7 | 반드시 실행하라

1. 질문과 요구 · 192
   권리와 책임의 원천 | 간청 | 요청 | 요구

2. 적극적 긍정 · 198
   현실적 낙관주의가 적극적 긍정이다 | 실패의 긍정

3. 더 나은 선택 · 204
   선택과 포기의 반복 | 성공의 삼박자 | 불운의 행운 | 용감한 자유인

   의사 결정에 대한 질문 3가지
   실천 Tip 의사 결정 프로세스

Step 8 | 나를 관리하라

1. 생존 관리와 생존 부등식 · 216
생존 부등식 | 돈이 문제다 | 사실을 인정하라

2. 욕망 관리와 성공 부등식 · 221
욕망 관리는 자유인의 제1원칙 | 윤리를 폐기하면 보복이 따른다 | 성공 부등식 | 습관 극복의 비결은 동기

3. 방향 관리 · 229
비행기 방향도 95퍼센트 바뀐다 | 목표의 본질은 방향 | 선수가 아니라 심판

자기 관리에 대한 질문 3가지
> 실천 Tip 협상의 기술

Step 9 | 자유인의 조건

1. 자유인 3요소 · 236
자유인의 참뜻 | 자유인 3요소

2. 정신적 자유인 · 240
가장 중요한 것은 정신 | 학습 부등식

3. 신체적(육체적) 자유인 · 245
건강한 육체 | 건강 부등식

4. 경제적 자유인 · 253
필요한 만큼의 능력 | 풍요 부등식 | 파이프라인 건설

자유인에 대한 질문 3가지
> 실천 Tip 자신의 강점을 발견하는 방법

Step 10 | 자유인의 설계도

1. 인생 전략 설계도 · 268
플랫폼 설계하기 | 타이밍의 기술 | 사명서 작성법 | 버킷 리스트 작성법 | 현금 흐름표 작성과 10퍼센트 법칙 | 액션 리스트 작성 | 이미지 작업 | 피드백 점검 | 성과와 결과

2. 자유인의 첫걸음, 용기 · 280
자유도의 상한선과 하한선 | 다시 일어서기 | 바로서기 | 자유인의 첫걸음, 용기 | 자기 통제력 코칭 | 자가 발전력

인생 전략에 대한 질문 3가지
실천 Tip 자기 경영자의 편지

에필로그 | 자유인의 완성 · 294

체계적 폐기 | 일의 기본 | 윤리 경영은 지속 생존의 필수 조건 | 겉보기와 허명에 속지 않아야 | 나의 주인은 나 | 무임승차가 거절되는 자유인의 길 | 행동과 실천 | 한계 풍요의 자유인 | 진정한 성공

감사의 말씀 | 사소한 계기, 큰 깨달음 · 310

참고 · 인용 자료 출처 · 312

프롤로그

왜 자유인인가

지금이 바로 그때다

사람들은 누구나 '그때'가 오기를 꿈꾼다. 시원하게 사직서를 던지고 자신이 꿈꾸는 일을 할 수 있는 그때, 자유인의 삶을 누릴 그 어느 날! 과연 그런가. 그때를 기다리는 사람 99퍼센트에게는 그때가 오지 않는다. 당신 역시 99퍼센트에 속하는 사람인지 모른다. 힘들게 자리 잡은 직장을 떠나는 것이 노예 생활에서 벗어나는 방법이 아니다. 자유인은 언제 어느 위치에 있든지 사명을 가지고 올바른 일을 선택하여 올바른 결과를 만드는 사람이며, 자신과 공동체가 추구하는 세상을 만들기 위해 자유의지로 공헌하는 사람이다.

왜 대다수 사람들이 그때를 포착하지 못하는가. 우선 그 기회가 온 것인지 알 수 없는 경우가 많다. 기회가 자기 눈앞에 와서 악수를 청해도 용기가 없어 손을 뒤로 감추고 머뭇거리기 십상이다. 당신은 '무소속'의 공포감과 안정된 생활을 버리지 못하는 '미련' 때문에 용기를 내지 못했고, 기회는 당신을 비웃으며 가버린다.

기회는 안전지대라는 현실적 욕망과 싸워 이겼을 때 쉽게 잡을 수 있으나, 대단한 용기가 필요하다. 자기 의지와 상관없이 해고되어 막다른 상태에 있을 때도 기회는 찾아온다. 이 경우에도 다시는 노예가 되지 않겠다는 굳은 의지가 필요하다. 노예 탈출 프로그램은 어떤 이에게는 죽음을 각오해야 할 만큼 위험한 도전이다.

당신이 지금 이 글을 읽고, 숨 쉬고 느끼고 생각할 수 있는 것은 살아 있기 때문이다. 살아 있는 지금, 당신은 결정해야 한다. 우리가 찾아 헤맨 그때가 바로 지금이다. 지금이란 '생각하는 지금'이 아니다. 판단하고 결정해서 '행동하는 지금'이다. 생각과 행동은 1과 2의 차이가 아니라 0과 무한의 차이고, 생과 사의 차이로 나타나기도 한다.

경쟁은 목표가 아니다

현대자본주의 시장경제는 다수가 소수를 위해 일할 수밖에 없는 무한 경쟁의 주종主從 시스템이다. 우리는 생존 문제를 스스로 해결하지 않으면 달리 방법이 없는 자본주의경제 시스템의 극단에 살고 있다. 헌법만 바르게 해석하고 지켜도 살 만하지만, 법이 공정하게 집행되지 않기 때문에 허약한 개인은 고통을 피할 수 없다. 자본주의사회에서 기업은 헌법이 허용하는 독과점의 자유를 유지·확대하는 것이 핵심 과업이 되었다. 21세기에는 공급의 독과점에서 수요의 독과점으로 그 영역이 확장되고 있다.

우리는 처음부터 주인으로 이 세상에 나왔다. 그러나 자본주의는 주인의 삶을 쉽게 허락하지 않는다. 자본의 노예가 되지 않으면 생존이 어려운 것이 현실이다. 취업과 승진 경쟁은 노예 경쟁에 불과하다. 그러나 스스로 노예 상태라는 것을 깨닫고, 주인의 자리로 돌아가려고 불철주야 노력하는 사람들은 많지 않다.

생존과 사활이 걸린 무대에서 선의의 경쟁은 없다. 더불어 잘 사는 사회가 되려면 공존의 사랑이 충만해야 한다. 그러나 무한 경쟁 사회에서는 불가능에 가깝다. 가고 싶은 대학에 가려면 입학 정원 때문에 경쟁을 피할 수 없다. 계약직 근로자도 장기 근무 형태로 일정 시간을 초과하면 정규 근로자와 동일한 대우를 받아야 한다고 법원에서 판결했으나, 집행되지 못하면 휴지 조각에 불과하다. 소수의 주인과 자기 이익을 위해 사리 분별없이 주인을 충실히 따르는 다수의 노예 관리자, 현실을 타파할 대안을 마련하지 못한 근로 노예가 존재하는 것이 현실이다.

근본 원인은 인간과 법인法人 : 법에 준하여 만든 인간, 즉 기업이나 조직 모두 욕망의 지배에서 벗어나지 못하기 때문이다. 그 이면에는 가족 이기주의가 숨어 있다. 욕망을 관리하는 데 실패하는 것이 문제의 근원이다. 이제는 대학에서도 기업의 경쟁 성장 모델을 모방하여 무한 경쟁 시스템을 도입하고 있다. 수재들이 모인 카이스트에서 학생들이 연이어 자살하고, 세계적인 학자로 촉망받는 교수는 연구비 관련 문제로 자살했다. 인재 한 사람을 육성하기 위해 엄청난 돈과 시간이 투자되는데, 어이없는 사건으로 자살에 이르게 했다는 것은 개인이나 국가에 치명적인 아픔이며 손실이다. 반면에 개인과 가정, 사회, 국가에 돌이킬 수 없는 해를 끼친 고위 공직자나 기업가들은 보석, 무죄, 사면으로 활보하고 여전히 득세한다.

대한민국 헌법 제2장 '국민의 권리와 의무'편 제10조에 "모든 국민은 인간으로서의 존엄과 가치를 가지며, 행복을 추구할 권리를 가진다. 국가는 개인이 가지는 불가침의 기본적 인권을 확인하고 이를 보장할 의무를 진다"고 명시되었으나 그림의 떡이다. 생존권과 행복권을 보장받아야 하는 상대적 약자는 사회 시스템을 만드는 영향력의 범위에서 소외되어 대부분 서비스 공급자의 위치에 있을 수밖에 없고, 계층을 넘어 안정적인 삶을 누릴 수 있는 수단조차 확보할 기회가 드물다. 모든 조직에서 무한 경쟁이 올바른 방법이 아님을 깨달아야 한다. 경쟁은 목표가 아니다. 목표는 모든 구성원이 강점을 발휘하도록 이끌어 살기 좋은 사회를 만드는 것인데, 지금은 수단이 목표를 통제하는 꼴이다.

정답이 아니라 해답

인간은 약 60조 개 세포로 구성된 세포 간 협력의 지성체다. 완전한 건강을 유지하여 장수할 수 있는 것은 각 세포의 건강 덕분이다. 뇌력腦力이 막강하다고 무병장수할 수 있는 것도 아니고, 무쇠도 소화하는 위력胃力이 있다고 그리될 수 있는 것도 아니다.

한 사람이 수천 명을 먹여 살릴 수 있다는 말은, 그가 자기 이익을 포기했을 때 가능하다. 그러나 한 사람이 수천 명의 인생을 망가뜨리기는 쉽다. 언론 권력, 정치권력, 사법 권력, 경찰 권력, 군사 권력, 경제 권력, 의료 권력은 다양한 형태로 막강한 힘을 갖춘 집단이다.

다 가지려다가 모두 잃는 경우가 흔하다. 정부의 고위 공직자 후보 중에도 완장을 차기 위해 청문회에서 거짓말을 하고, 부끄러움도 마다치 않는 몰염치한 사람이 허다하다. 그들은 자신이 욕심과 욕망의 노예라는 것을 증명한다. 벌거벗은 줄도 모르고 당당하게 나서거나, 알면서도 끝없는 욕망을 충족하기 위해 거짓말을 한다. 거짓말도 습관이 되면 자연스럽게 자기 것이 되고, 급기야 철면피가 되어 거짓인 줄도 모르는 상황에 이른다. 그 이면에는 다른 사람들도 그 정도 불법행위는 저지르고 산다는 합리화가 있다. 한 가지 단초만 있어도 자신을 합리화하는 용도로 활용하는 것이 인간이다.

우리가 사는 한국 사회를 넘어 지구 사회도 마찬가지 자연법칙에서 자유롭지 못하다. 인생은 재방송이 없다. 세상에는 두 가지 진리가 있는데 시간만이 영원하며, 존재하는 모든 것은 언젠가 반드시 소멸한다는 사실이다. 인생의 최고 자원인 시간은 영원히 한 방향으로 쉬지 않고 직진한다. 돌아보지 않고, 대체 자원도 없다. 저축이 불가능하며, 살아 있는 모든 사람에게 하루 24시간이 주어질 뿐이다.

인류가 이 세상에 등장한 이래 보편적 진리는 '대다수 사람들이 먹고살기 위해 일해야 한다'는 사실이다. 먹고사는 것이 인생의 문제가 아닌 사람들도 있지만, 태어날 때부터 비교가 시작되는 현대사회에서 잘 먹고 잘살기 위해 더 치열한 경쟁 시장에 뛰어들어 물불 가리지 않는다. 출산율이 떨어지고 결혼 연령이 늦어지는 원인도 우선 먹고살아야 한다는 절박함 때문이다. 어떤 상태에 있거나 한 인간으로서 품위를 유지할 최저 수준까지 의식주가 보장되어야 변화에 도전할 수 있는데 여의치 못하다. 지금 우리 사회는 해답이 없는 것이 아니라 해답을 채택하지 않는 상황이고, 여기에 통찰력 있는 해답을 제시한 사람이 경영학의 아버지 피터 드러커다.

1인 자기 경영자

우리는 드러커가 말한 자기 경영자라는 생각으로, 행복을 창조하는 인생 전략 경영자가 되어야 한다. 드러커는 지식 근로

자가 각자 CEO인 것처럼 생각하고 행동하지 않으면 안 된다고 했다. 나는 우리 사회가 '행복한 자기 경영 공동체'가 될 수 있다고 믿는다. 우리는 1인 자기 경영자이자 1인 가상 법인이다. 인간은 반드시 죽는다. 기업이라는 법인도 반드시 죽는다. 이 숙명에서 '얼마나 오랫동안 건강하게 살아남을까' 하는 것이 우리의 문제다.

길이 없다고 갈 수 없겠는가. 이 책에서는 이 문제의 해답을 제시하고, 행복한 자유인의 동반자가 되고자 한다. 지금 숨 쉬고, 느끼고, 먹을 수 있고, 버릴 수 있고, 생각할 수 있어 고마울 따름이다. 드러커가 우연한 사건으로 각성하여, 자기 인생이 타인에게 좌우되는 것을 허락하지 않겠다고 결심한 것은 열네 살 때다.

1923년 11월 11일, 오스트리아공화국 출범을 기념하는 사회주의청년단의 가두 행진에서 한 소년이 붉은 깃발을 높이 들고 당당하게 선두를 이끌었다.
"앗, 위험해! 웅덩이가 있어, 멈춰!"
그러나 소년의 외침은 밀려오는 인파의 함성에 묻혀 전달되지 않았다. 결국 소년은 인파에 밀려 웅덩이에 빠지고 말았다. 이

때 소년은 자기 인생이 타인에 의해 원치 않는 방향으로 가는 것을 결코 허락하지 않겠다고 결심했다. 그가 '현대 경영학의 아버지'라 불리는 피터 드러커다.

내 인생의 주인은 나뿐이다. 운명을 개척하고 새로운 운명을 선택하는 것도 자신에게 주어진 권리이자 기회다. 수많은 사람들이 불가피하게 경쟁의 정글에 뛰어들지만 방향도, 목표도 알지 못하고 우왕좌왕한다. 나이 들어서는 더 잘 먹고, 더 잘살고, 더 잘나고 싶다는 무한 욕망의 감옥에서 헤맨다. 욕망이 올바르지 못하다는 것이 아니라, 욕망의 한계를 정해야 한다는 의미다. 자유인의 조건은 무한 욕망에서 탈출하는 것이다.

Step 1
나에 대한 탐구

❶ 나는 누구인가

모든 일의 시작은 why

모든 일은 '왜'라는 질문에서 시작된다. 이해하지 못하면 인식할 수 없고, 인식 없이는 행동이 일어나지 않는다. 우리는 자신에 대해서 잘 안다고 생각하지만, "당신은 누구십니까?"라는 질문을 받으면 "제 이름은 ○○○"라고 답하는 게 고작이다. 개별 세포 60조 개로 구성된 자신을 안다는 것은 우주의 발견에 비견할 만하다.

"나는 무엇을 하는가?" "나는 무슨 생각을 하는가?"라는 질문으로 시작하자. 두 가지 질문에 답한 뒤 자신을 찾아보자. 지금 무슨 생각으로 무엇을 하는지가 당신의 어제와 내일을 결정한다. 괴테는 "당신이 무엇으로 바쁜지 말해주면 나는 당신이 어떤 사람인지 바로 알아낼 수 있다"고 했다.

나는 누구인가

인생에는 끊임없는 함정이 있다. 때로는 자기도 모르게 함정을 만들고 그 함정에 빠지기도 한다. 그래서 자신을 아는 것이 먼저다. 나는 누구인가? 나는 오랜 세월에 걸쳐 이어온 세포의 핵 속에 담긴 유전자의 선택적 집합과 누적된 인간 생활의 결과다. 가깝게는 부모님의 유전자를 이어받았고, 멀게는 인류의 시조부터 지금까지 그들과 내가 걸어온 삶이 오늘의 나를 만들었다. 그 DNA의 플랫폼에 지금껏 살아온 이력으로 형성된 성격이 내 운명을 창조했으며 변하는 것이다.

내가 자연스럽게 반복하는 것들은 나의 습관이고 관성이며 인격이다. "자기가 만드는 습관이 자신의 인격을 만든다." 내가 생각하고 판단하여 선택하는 행동에 따라 내가 만들어진다. 자기가 자신의 성격과 강점을 만들고, 인식 능력에 따라 각종 사상과 이념이 마음속에 자리 잡아 삶의 중요한 가치관을 형성한다. 성격, 재능, 사상, 이념, 가치관 등은 모두 그 방향으로 심신 작용을 계속한 결과다. 자기 밖에 있는 것을 자기 안으로 불러들이는 것도 자신이요, 자기 안에 있는 것을 밖으로 내보내는 것도 자신이다(그러나 모든 것이 그렇다고 할 수는 없다. 우리의 인지 범위 밖에 있는 것들도 있기 때문이다).

어린 시절에는 부모의 영향력이 절대적이기 때문에 자기 생각대로 살지 못할 뿐만 아니라, 대학에 가기까지 진로도 부모의 뜻에 따라 결정되는 경우가 흔하다. 이렇다 보니 서른이 넘고 심지어 마흔이 지나도 '내가 가는 길이 정말 내가 원하는 길인가' '진실로 내 인생의 주인으로 사는가' 하는 의문을 해결하지 못하고 살다 간다.

인생, 즉 인간 생활은 재방송이 없는 무대다. 무한 시간의 차원에서 보면 인간의 일생은 하루살이와 다를 바 없다. 인생을 구성하는 자원이 과거를 돌아보지 않는 무한 직진의 시간이기 때문이다. 돌아보지 않고 속도의 변화도 없이 365일 일정하게 흐를 뿐이다. 각자에게 주어진 시간은 유한하며, 하루 24시간은 지위 고하를 막론하고 공평하다. 내가 누구인지 알기 위해 세 가지 진단법을 사용해보자.

거울 테스트

첫째, 자신의 가치관을 발견할 수 있는 방법으로 '거울 테스트 mirror test'가 있다.

영국 왕 에드워드 7세는 바람둥이로 악명이 높았다. 1906년 영국 외교가에서 국왕을 위한 만찬을 열기로 하고, 각국 외교관들은 촉망받는 런던 주재 독일 대사에게 만찬을 관장하는 임무를 맡겼다. 고민하던 독일 대사는 사직하고 말았다.

"아침에 면도하면서 포주로 변한 나 자신을 거울 속에서 발견하는 것이 싫다."

에드워드 7세가 어떤 만찬을 원하는지 누구나 아는 사실이고, 독일 대사 역시 그 부분을 고민한 것이다.

—피터 드러커,《클래식 드러커》

독일 대사는 자신에게 "나는 오늘 아침 어떤 사람으로 보이기를 원하는가?"라는 질문을 했고, 과감하게 외교관 직을 버렸다. 56세로 생을 마감한 스티브 잡스는 아침에 거울을 보면서 "오늘 내가 하는 일이 진정 내가 하고 싶은 일인가?"라는 질문을 했다고 한다. 자기 경영을 성취한 사람들에게서 이런 공통점이 발견된다.

미국의 장수 기업 M사는 윤리 경영으로 명성이 높다. 이 회사의 한 분야에서 아시아 지역 책임자로 일하는 P 부사장은 사회

생활 초기, 이름만 대면 알 만한 한국의 유수 기업에서 재무 담당자로 일했다. 법학을 전공한 그에게 주어진 임무 중에는 아이러니하게도 비자금 관리가 포함되었다. 이중장부를 만들어 관리했는데, 감사 기간에는 장부를 자동차 트렁크에 싣고 다니기도 했다.

"하루도 마음 편한 날이 없었어요. 매일 내 양심과 싸웠지요."

결국 그는 M사 한국 법인으로 전직했다. 업무를 수행한 대가로 받는 보상과 바른 일을 하라는 양심의 갈등에서 자유인의 길을 택한 것이다.

오늘도 비자금을 얼마나 빼돌릴까? 오늘은 어떤 악질 범죄자를 변호하여 대폭 감형하고 큰돈을 벌까? 오늘은 어떤 환자를 겁주어 의료비를 더 쓰게 만들까? 거울을 보며 생각해보라. 자신의 얼굴이 자랑스러운가, 그 뻔뻔함에 반할 지경인가.

오늘은 어떤 힘없고 억울한 사람을 변호할까? 오늘은 어떻게 하면 환자들에게 주사와 약 처방을 최소로 하고, 삶의 희망을 주는 치유 방법을 알려줄까? 역시 거울을 보며 생각해보라. 오늘은 인류를 위해 무엇을 할까? 너무 거창하다. 국가와 국민을 위해 어떤 공헌을 할까? 역시 내 몫은 아니다. 오늘은 가족을 위해, 자신을 위해 무엇을 할지 생각해보라. 아침에 일어나면 최소한 이 정도 생각은 해야 한다.

사람은 자신의 가치관이 조직의 가치관과 일치할 때 원하는 성과를 최대한 낼 수 있다. 자신이 속한 조직의 가치관과 달라서 마음의 충돌이 일어날 때 그 조직을 바른 길로 이끌 수 있는 힘이나 영향력이 없다면 그 사람은 다른 길을 모색하는 것이 행복을 찾는 방법이며, 한 개인으로서 인생 성과를 최대로 만드는 선택이다. 드러커는 상사가 부정부패로 얼룩진 사람이라면 자신이 오염되기 전에 그 조직을 떠나라고 했다.

그렇게 할 용기가 부족하다면 조직을 비난하지 말자. 그래야 적어도 조직에서 당신이 믿는 성공을 거머쥘 수 있다. 그러므로 어떤 조직이건 사람을 선택할 때는 그 자리에 그 사람의 가치관과 핵심 역량이 맞는지 확인해볼 필요가 있다. 두 가지가 일치할 때 시너지 효과가 나온다. 내 몸을 이루는 세포들이 진정 원하는 것은 무엇인가? 그 세포들의 합력인 마음이 원하는 것은 무엇인가? 나는 어떤 사람인가? 거울은 자신이 원하는 모습대로 연출하기 때문에 자신을 속일 여지가 있다.

자화상과 타인의 눈

둘째, 자화상을 그려보자. 자기 진심의 모습은 어떤가. 눈이 있지만 보아야 할 것을 보지 못하는 감긴 눈인지, 귀가 있지만 들어야 할 것을 듣지 못하는 닫힌 귀인지, 입이 있지만 타인을 비참하게 만드는 독설을 일삼는 입은 아닌지 살펴보자. 그러나 여전히 인간의 이기심이 발동하기에 자화상으로도 자신을 알기에는 부족하다.

그래서 셋째 도구인 타인의 눈이 필요하다. 나에게 호의적인 사람의 시각보다 나를 싫어하는 사람들의 시각을 겸허히 받아들이고 반성의 거울로 삼자. "다른 사람이 나를 어떻게 보든 무슨 상관인가" "남의 눈치를 볼 필요 없다"고 자신 있게 말하는 이들도 많지만, 그것은 내가 바른 일을 하고 부끄러울 게 없는 상황에서나 할 말이다. 타인의 눈이 없다면 인간에게 자유의지의 도덕과 윤리가 남아 있기 매우 어렵다. 감시 감독이 없는 상태에서 인간이 얼마나 정직한지 실험한 결과, 정직한 사람보다 정직하지 못한 사람의 비율이 높게 나온 것이 이를 증명한다.

내가 가야 할 길

내일의 나는 오늘을 반복한 나의 적분積分이다. 오늘 시작하는 하루가 내가 원하는 일이고, 진정 행복한 일이라 생각한다면 지금의 나는 내가 가야 할 길이다. 그러나 생계를 유지하려고 마지못해 하는 일이고, 도살장에 끌려가는 기분이라면 지금 그 모습은 당신이 내면에 간직한 본래 모습이 아니다. 먹고살기 위해서라면 찬밥 더운밥 가릴 형편이 아닌데 무슨 소리냐고 반문하는 사람에게 말하고 싶다. "그렇다고 생명을 버릴 수는 없지 않은가." 드러커는 "이것을 하지 않은 셈치고 오늘 새롭게 시작한다면 나는 오늘 이것을 할까" 자문해보라고 했다.

5그램짜리 마약 봉지를 삼켜서 위장에 모아 운반하는 사람들이 있다. 마약 봉지가 위장에서 터지면 사망할 가능성이 매우 높다. 더욱이 입국할 때 미국 공항에서 적발되면 7년이 넘는 감옥살이를 감수해야 한다. 하지만 1회 운반에 3000달러를 벌 수 있다. 콜롬비아 이야기다.

당신도 이렇게 절박한가? 이런 심정일 때는 무엇을 포기할지 생각해야 한다. 포기는 전략의 출발이다. 무엇을 포기한다는 것은 삶의 수준을 바꾸는 원인이 되지만, 다른 무엇을 선택할 기회를 확보하는 지렛대다. 드러커도 혁신은 폐기에서 시작된다고 했다.

우리는 모두 순진무구한 아기와 같이 태어났다. 처음부터 아집, 고정관념, 편견, 비교, 우월감, 탐욕 등으로 무장하고 태어나는 사람은 없다. 일부 종교 단체에서 애용하는 원죄와 우리는 아무 관계가 없다. 믿음에 관한 일화가 있다.

신자가 신부에게 고해성사를 한다.
"신부님, 저는 아무리 기도하고 생각해봐도 예수님이 부활하신 것을 믿을 수가 없습니다. 어찌해야 합니까?"
신부가 대답했다.
"그건 나도 마찬가지다. 그래서 나는 그냥 믿는다. 그대도 그냥 믿어라. 모든 것이 믿음이 부족하기 때문이니라."

왜 그냥 믿어야 하는가? 믿을 수 없다면 믿지 않으면 된다. 우리는 사회에서 무수히 많은 심리적 강요에 시달린다. 도덕이라는 미명 아래 선과 악을 구분한다. 사상도 좌파와 우파를 구분하지만, 좌파와 우파의 원조는 프랑스 루이 왕조 때 그의 오른쪽에 앉은 사람과 왼쪽에 앉은 사람이 의견이 다르다는 것으로 나뉘었을 뿐이다. 인류 문명은 다양한 생각의 차이를 발판으로 발전한다. 정상적인 사고를 하는 사람이라면 오히려 그렇게 세상을 구분하려는 사람들의 무지를 무시하고 자기 생각이 있어야 한다.

우연과 필연의 집합

내가 오늘 무슨 일을 어떻게 할지는 나의 사명과 가치관에 달렸다. 나는 어떤 사명을 가지고 이 세상에 왔으며, 내가 무언가 선택할 때 기준이 되는 가치관을 결정하는 것이다. 이때 사명은 종교에서 말하는 것이 아니다.

인간은 신의 노예가 되기 위해 태어나지 않았다. 우리에게는 자기 운명을 개척할 자유권이 있다. 각자의 운명이 정해졌다면 열심히 살 필요도 없고, 게으르게 산들 아무런 변화가 없을 테니 앞뒤가 맞지 않는다. 그러므로 운명이란 우연과 필연의 집합이지만, 인생은 결국 주인인 자신이 어떻게 경영하느냐에 달렸다.

이런 경우를 보자. '나의 사명은 부자가 되는 것이고, 나의 가치관은 돈 되는 일이면 무엇이든 할 수 있다는 것이며, 나의 강점은 회계 업무다.' 이 사람은 돈 되는 일은 뭐든 할 테니 공금횡령이나 분식 회계 전문가가 될지도 모른다. 그 때문에 불행한 결과를 초래할 것이다. 이 상황을 두고 불행은커녕 그런 사람들이 더 잘 먹고 잘사는 경우를 주위에서 많이 본다고 말하는 사람도 있을 것이다. 이 말이 사실일까?

한 걸음 더 나가보자. 그렇게 번 돈으로 가족이 호의호식할 수는 있으나, 아무리 철면피라도 양심은 절대 사라지지 않는다. 가장의 수입원이 무엇이었는지 알아도 가족이 믿고 존경할까? 가족이 행복할까? 그래도 행복할 수 있다고 하는 사람들이 많다. 나는 이 경우 가족이 행복하다고 믿기 어렵지만, 그것이 그와 그 가족의 가치관이라면 그들의 선택이다. 그러나 그 가족과 마주치고 싶지는 않을 것이다.

내가 경영의 구루 피터 드러커의 책을 접한 것은 10년이 넘는다. 2009년 평소에 잘 보지 않는 일간신문을 보다가 우연히 피터 드러커 탄생 100주년 기념 에세이 대회를 개최한다는 조그만 박스 기사가 눈에 들어왔다. 깊은 생각 없이 평소 드러커 책을 읽고 느낀 점을 작성하여 제출했는데, 어느 날 전화가 걸려왔다. 내 에세이가 대상으로 뽑혔다는 것이다. 나는 국문학을 전공하지 않았고, 글쓰기에 천부적 재능이 있는 사람도 아니다. 이것이 계기가 되어 한국 피터 드러커 소사이어티의 공동대표인 장영철 교수님을 만나고, 드러커 소사이어티의 일원이자 드러커를 연구하는 학생이 되었다. 이것이야말로 우연이 필연으로 바뀐 사건이다.

나는 어떤 유형인가

인간은 세 가지 유형이 있다. 일본전산 나가모리 시게노부永守重信 사장은 직원을 스스로 발전하여 불이 붙는 자연 발화형, 외부의 자극에 의해 발전하고 불이 붙는 수동 발화형, 어떤 자극을 주어도 발화 기능이 없어 불붙지 못하는 불연소형으로 나눈다.

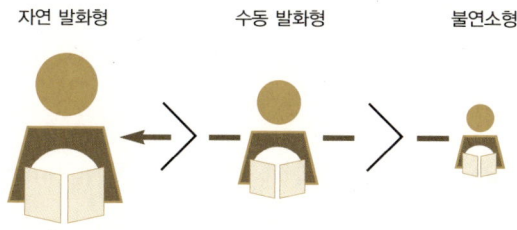

*일본전산 나가모리 시게노부 사장의 직원 분류를 인용

개별 가치 부등식

당신은 어떤 유형인가? 자신의 유형에 따라 어떻게 일할지 맞춤형 전략을 세워야 한다. 앞의 보기가 자가 발전을 기준으로 한다면 커뮤니케이션 유형에서는 자신이 듣는 사람인지, 말하는 사람인지 알아야 한다. 말하기 좋아하는 사람보다 듣는 데 인내심을 발휘하는 사람이 자유인에 가깝다. 드러커는 성과를 내기 위해서는 자신이 어떤 방법으로 일하는 사람인지 파악하는 것이 중요하다고 했다.

오발탄은 말이 많을 때 나오는 것이고, 그만큼 약속을 남발하기 쉽다. 그런 사람을 믿기는 어렵지 않겠는가. 그러나 듣는 데 익숙한 사람은 상대적으로 책임져야 할 말을 많이 하지 않으니, 그에 따른 구속도 적다. 사람들이 신중하다는 평을 할 것이고, 자신은 그만큼 생각할 여유를 가질 수 있다. 적게 먹는 것이 건강에 좋다는 사실이 확인된 것처럼, 적게 말하는 것이 자유인의 위치를 단단하게 만들어준다. 때로는 비겁하게 보일 수도 있지만, 상황에 따라 우회로를 선택해야 한다.

K씨는 외국 유학을 마치고 특채로 대기업에 입사하여 임원으로 근무했다. 그는 시원시원한 성격에 눈치 보지 않고 할 말은 다하는 사람이다. 엘리트 교육을 받았다는 자신감도 그런 성격

에 영향을 끼쳤을 것이다. 그는 성과에 책임을 지는 사람이며, 전문가로서 탁월한 능력을 발휘했다.

회사가 변화를 모색하면서 여러 부서의 임원들이 모여 회의를 했다. 회의 도중 다른 부서의 임원 M씨가 답답한 소리만 했다. "그런 구닥다리 같은 생각으로 어떻게 문제를 해결합니까?" K씨의 말은 평상시와 다름없었지만, 문제를 해결해야 한다는 압박을 받던 다른 임원들에게 심적 부담을 주었다. 회사에 크게 기여한 K씨는 이런 솔직함 때문에 더 승진하지 못하고 결국 회사를 떠나야 했다.

조직의 일원이면 상대의 마음이 상하더라도 할 말을 하는 것이 회의다. 우리는 타인을 배려한다는 명목으로 겸손을 위장한다. 좋은 말로 감싸고 넘어가면 누군가는 잘못된 결과에 책임을 져야 한다. 드러커는 "좋은 사람이라는 말을 듣는 것이 성과를 대신할 수 없다"고 일갈했다. 조직에서 늘 좋은 사람으로 남아 있을 수는 없다. 반드시 성과를 내야 한다.

기업의 존재 이유와 사명을 명확히 아는 K씨는 자신이 어떤 조직 문화에서 최고의 성과를 내는 사람인지 알지 못했다. 인재를 확보하기는 어려워도 보내기는 쉽다. 유감스럽게도 조직의 단점과 탈법, 불법에 눈감지 못하는 사람은 그 조직에서 살아남을 수 없는 것이 현실이다.

나에 대한 3가지 질문

MSL Meanings, Strengths, Likes 자문自問의 목적은 자가 발전의 동기를 찾는 것이다. 강제된 행동은 창의성이나 잠재력을 억압한다. 칸트는 "타인에 의해 강요된 행동은 결과의 책임을 물을 수 없다"고 했다. 그러므로 자신이 책임지는 선택을 해야 한다.

① 내게 의미 있는 것은 무엇인가?

달리 표현하면 나의 가치관을 묻는 것이다. 이는 의사 결정을 할 때 내가 가장 소중하게 생각하는 것으로, 돈이나 가족, 건강, 친구, 명예, 직위, 봉사 등 여러 가지가 있다.

② 나의 강점은 무엇인가?

강점은 장점과 다르다. 장점은 모든 사람에게 있는 보편적 성품이나 역량이지만, 강점은 상대적 경쟁 우위이자 사회 구성원으로서 최대의 성과를 만들어낼 수 있는 요소다. 키가 2미터인 농구 선수에게 키는 농구 선수로서 이점을 주기 때문에 그의 강점이 된다. 강점을 먼저 발견하고 강점 활용과 강화에 집중해야 하는 이유는 성과를 실현하고 목표를 달성할 확률이 높기 때문이다.

반대 경우를 보자. 어떤 사람이 키 150센티미터에 몸무게도 보통 사람에 미치지 못한다. 이것이 그의 강점인가, 약점인가? 일반적으로 약점이라고 보겠지만, 이 사람이 경마 기수가 된다면 최고의 강점으로 바뀐다. 그래서 인간은 누구나 타고난 강점이 있다고 말할 수 있다. "내가 지금 잘할 수 있는데 잘하지 못하는 것은 무엇인가? 내가 지금 할 수 있는데 하지 않는 것은 무엇인가? 나는 어디에서 최고의 역량을 발휘할 수 있는가?" 질문해봐야 한다.

강점에 집중하는 궁극적인 목표는 전체 구성원이 협력하고 상생함으로써 더 잘살고 조화로운 사회를 건설하기 위한 것이지, 단순히 경쟁에서 이기기 위한 것이 아니라는 속뜻을 헤아려야 한다. 무한 경쟁 사회에서는 승리자보다 패배자가 훨씬 많고, 인적자원의 최대 활용보다 소모가 많을 수밖에 없다. 지금 당신이 승자일지 모르나, 무한 경쟁 사회에서 당신은 패자의 위치로 전락할 수밖에 없다. 이를 피할 수 있는 길이 경쟁하지 않는 강점 경영이다.

③ 내가 좋아하는 것은 무엇인가?

좋아하는 것은 어떤 의미에서 사랑하는 것보다 본질적이다. 사랑은 부모와 자식의 관계, 남녀의 관계, 종교 단체의 기본 개념으로, 사랑으로 맺어지는 순간 도덕적 의무감을 수반하는 감정이다. 그러나 좋아하는 것은 매우 자연스러운 감정이며, 자신이 주체지만 책임과 의무가 배제되어 있다.

세 가지 질문에 스스로 답한 뒤 공약수를 찾으면 인생의 궁극적 목표인 자신의 행복을 찾는 길에 다가갈 수 있다. 한국의 대표 기업인인 고 정주영 회장의 어록 가운데 가장 유익한 말은 도전 정신을 표현한 "해보기나 했어?" 아닐까.

하고 싶은 일을 하는 것

인생 최고의 행복은 '하고 싶은 일을 하며 사는 것'이다. 따라서 자신이 바라는 만큼 돈을 벌 수 있고, 평생 하고 싶은 일만 하다가 죽는다면 그보다 행복한 삶은 없을 것이다. 그러나 한 가지 전제 조건이 있다. 하고 싶은 일과 사회적 책임이 있는 일이 부딪히면 당연히 후자부터 해야 한다. 그런 사람이 자기 경영자다.

  때로는 하고 싶은 것을 할 수 있는 능력을 확보하기 위해 상당 기간 하기 싫은 일도 해야 한다. 내가 원하는 것과 사회(고객)가 원하는 것이 다를 수 있기 때문이고, 그것은 나의 경제적 자립을 위한 돈벌이와도 관계가 있다.

  그런데 그 때문에 너무 오래 머무르면 자신이 진실로 원하는 기회는 영원히 잡지 못할 수도 있다. 완벽한 조건이 갖춰질 때까지 내가 하고 싶은 것, 진실로 원하는 것을 미룬다면 그런 기회는 오지 않을 가능성이 높다. 높이 뛰려면 바닥에서 발이 떨어져야 한다. 손만 높이 들어서는 높이 뛸 수 없다.

  인간은 누구나 천부적 재능이 있다. 자신의 재능을 알기 위해서는 능력을 다양하게 시도해보는 방법이 최선이다. 인생이란 가능성의 조합이다. 가능성의 결과를 알아볼 수 있는 방법은 해보는 것이다. 실제로 해보지 않으면 모른다. 많은 사람들이 인생 종착역에서 왜 그때 해보지 못했을까, 왜 내가 원하는 대로 살아보지 못했을까 후회한다. 종착역의 기적이 들릴 때는 기회가 사라진 다음이다.

  실험실에서 시뮬레이션은 현실과 가까운 결과를 예측하는 방법이나, 인생극장에서 시뮬레이션은 가상 시나리오에 불과하다. 현실에 몸으로 부딪치는 것과 생각하는 것은 천양지차다. 고정된 상수보다 움직이는 변수가 많기 때문이다. 우리는 미래를 예측할 수 없다. 드러커는 미래를 예측하는 가장 좋은 방법은 미래를 창조하는 것이라 했다.

❷

나는 지금 어디로 가고 있는가

나의 방향을 매일 확인해야

당신은 지금 어디로 가고 있는가? 당신은 매일 적어도 한 번은 자신이 가고 있는 방향을 확인하고 조정하는 데 시간을 투자하는가?

첨단 과학의 산물인 비행기도 출발지와 도착지를 정하고 이륙하지만, 비행하는 동안 95퍼센트 이상 방향을 조정한다. 외부 환경에 따라 비행기가 정해진 방향으로 가지 못하기 때문에 계속 방향을 수정해야 목적지에 도착할 수 있다. 조종사가 오늘 목적지를 정한 항공일지를 두고 왔다면 어디로 가야 할까? 비행기는 연료가 떨어지기 전에 착륙해야 한다(10년 뒤에는 태양열과 기타 에너지 충전 방식을 이용하여 연료 재충전 없이 오랜 시간 비행할 수 있겠으나, 여전히 하드웨어의 제한이 있으므로 반드시 어딘가에 착륙해야 할 것이다).

우리 사회에서는 목적지가 불분명한 이륙을 허락하지 않지만, 인생에서는 무턱대고 세상으로 뛰어나오는 것이 인간이다. 인간은 영원불멸의 존재인가. 아직은 알 수 없다. 인간은 죽으면 원소로 분해되어 사라지지만, 영혼의 존재에 대해서는 밝혀진 것이 없다. 우리에게 더욱 중요한 것은 목적지와 그곳으로 가는 여정의 단계별 모습이다. 그 여정의 단계마다 성과라는 이름으로 원하는 것을 얻는다.

시간으로 분리하면 유년(~5세), 소년(~15세), 청년(~30세), 중년(~50세), 장년(~60세), 노년(~사망)의 여섯 단계로 나눌 수 있다. 평균수명 70세를 넘긴 21세기에 60대를 노년이라 하면 실례가 아닐까? 그렇다고 유년기나 청년기가 길어지는 것이 아니라 중·장년기가 길어질 것이다.

각 단계에서 나는 어떤 사람이 될지 생각해봐야 한다. 드러커는 어디로 가야 할지 생각하는 것을 전략, 어떻게 갈지 생각하는 것을 전술이라 했다. 드러커가 말하는 전략의 실제는 전략 계획이며, 이는 전술을 포함하는 것으로 구체적인 실행 계획과 행동을 포함한다.

선택하는 자유와 선택된 부자유

인간의 수명이 점점 늘어나는 21세기에 인생은 삼모작이다. 유년기나 소년기에는 자신의 생각보다 부모의 생각이 방향타가 된다. 그러나 소년기를 벗어나면서부터 자신의 이성으로 항해의 방향타를 잡도록 해야 한다. 젊은 시절 실패한 경험은 분명 성공의 밑거름이지만, 나이 든 뒤의 실패는 인생에서 치명상이 될 가능성이 높다. 작은 방향각이 큰 차이를 만들기 때문이다.

첫째 질문 '나는 누구인가'부터 좀더 상세히 분석하고 인생의 계획을 세워보는 것이 '나는 지금 어디로 가고 있는가' 하는 문제다. 인생의 변화는 두 가지에 따라 좌우된다. 자기가 선택한 경우와 선택된 경우다. 우리는 인생의 주인이지만 언제나 주인일 수는 없다. 이는 특히 권력이나 재력과 관계가 깊다. 권력이나 재력이 있는 사람들은 외부의 영향을 상대적으로 적게 받을 수 있으나, 권력과 재력을 유지하고 확대하려는 욕망에서 빠져나오지 못하면 역시 자유로울 수 없다.

그러므로 살아 있는 한 세상에서 완벽한 자유인은 드물지만 그에 가까워질 수는 있고, 욕망을 관리할 줄 아는 사람에게는 완전한 자유도 어려운 일이 아니다. 우리의 목표는 살아 있는 상태에서 완벽한 자유인에 가까운 삶을 영위하는 것이다. 지금 가진 것과 그것을 버렸을 때, 즉 가지지 않았을 때를 비교해보자. 어느 쪽이든 행복에 플러스가 된다면 그것이 선택해야 할 대상이다.

희생하고 살 수 있는 자유를 얻으려면 자기 각성과 통한의 반성이 필요하다. 나의 희생이 타인의 이익이고 나의 이익이 타인의 희생일진대, 자기 스스로 희생할 자유가 있다면 그것은 양보와 배려의 차원을 뛰어넘는 자유다. 그 본보기가 다큐멘터리와 뮤지컬로 제작된 〈울지 마 톤즈〉의 주인공 이태석 신부일 것이다.

언행일치와 계획

행복은 주관적이며 상대적이다. 각자 사안이면서 동시에 자기 안에도 상대성이 있다. 컵에 물이 반 정도 남았다. 내가 선택하기에 따라 반이나 남았다고 볼 수도 있고, 반밖에 남지 않았다고 볼 수도 있다. '무엇이 될까' 하는 꿈보다 '내가 진정으로 하고 싶은 것이 무엇일까'라는 욕망을 확인하는 것이 중요해졌다. 내가 매일 무슨 생각을 하고, 그 결과 무슨 말을 하고,

그 말에 따라 어떻게 행동하는지 보면 그 사람의 내일을 알 수 있다. 내가 어떤 사람이 되고 싶다면 그 생각을 하고, 그런 사람이 되겠다는 말을 하고, 그런 사람처럼 행동하면 된다. 생각, 말, 행동을 동일하게 할 수 있다면 자유인이다.

그런데 언행일치 자체가 목적이 되어서는 안 된다. 각자의 목적은 여전히 내가 진정 바라는 내가 되기 위한 사명이다. 영국 수상 처칠은 '나는 일관성을 지키기보다 올바르고 싶다'를 좌우명으로 삼았다. 의사 결정에 중대한 영향을 미칠 만큼 새로운 변수가 나타났을 때는 자신이 과거에 의사 결정한 것을 바꿀 수 있는 용기가 필요하다.

드러커는 계획이 미래를 주도한다고 바라고 시도하는 것은 어리석은 행동이라고 했다. 미래는 예측할 수 없기 때문이다. 랭건 교수의 말을 빌리면 계획은 돌에 새기는 전술적 문서가 되어서는 안 되며, 피드백 실행 과정으로 변경할 수 있어야 한다고 했다.

3

나는 어떤 사람이 되기를 원하는가

양심의 소리

목적은 목표를 만들게 하고, 분명한 목표는 동기를 불러온다. 인생의 목적을 가장 잘 말해주는 것이 양심이다. 흔히 다른 사람들이 진심을 알아주지 못하거나 어떤 사건에 대하여 자신의 결백을 증명할 길이 없을 때 "내 양심은 안다"고 말한다.

양심이란 '몸과 마음을 이어주는 다리'다. 우리는 몸과 마음이 따로 놀 때 양심 없는 사람이 된다. 양심의 소리에 귀 기울이는 것은 양심이 윤리와 도덕의 바탕이기 때문이 아니라 인생에 녹아 있는 경험과 지식, 문화의 최대공약수가 자기 자신이기 때문이다. 양심은 머리로 생각하고 몸이 요구하는 것까지 받아들이는 해답이다. 양심은 도덕과 윤리를 넘어서는 삶의 환경과 본래의 인성이지 교육의 결과가 아니다. 양심을 교육할 수 있다면 오늘날 한국은 세계에서 가장 양심 바른 국민이 사는 국가가 되어야 한다.

양심의 소리를 따르는 것은 몸과 마음이 참이라고 생각하는 바를 선택하는 것이다. 보상을 기대하지 않지만 반드시 보상받는다는 것이 특징이다. 반대로 몸이 원하는 것이나 마음이 원하는 것만 하면 어떻게 될까? 자신이 선택해야 하는 시기, 자신이 처한 상황이나 놓인 위치에 따라 결정하고 양심은 제쳐둔다. 이른바 '위치 구조 행위 결정론'이다.

그렇다면 양심 불량의 피해자는 누구일까? 자신은 득을 본다고 생각하겠지만, 사회라는 공동체에서는 자신을 포함한 모든 사람이 양심 불량의 피해자다. 그 사회에 구성원으로 있는 한 자신의 가족도 포함되므로, 결국 부메랑이 되어 자신에게 돌아온다. 그러니 양심 폐기는 어리석은 선택이다. 노부모와 아내, 자식을 부양하기도 부족한 수입 때문에 뇌물을 거절하지 못한 가장이 있다면 그는 양심을 버리기로 한 것이다. 정당한 방법으로 더 많은 수입을 얻을 수 있는 직업으로 바꾸는 것이 바른 선택이다.

양심을 저버린 대가는 반드시 남는다. 지금은 인터넷이라는 24시간 365일 무한 감시자가 있어 한번 일어난 일은 컴퓨터

시스템이 존재하는 한 영원히 남는다. 세월이 흐르면 잊힐 것 같은 일도 자신이 이 세상에서 느끼고 생각하는 한 양심은 숨어 있지 않는다. 자신을 찾는 길 가운데 양심은 가장 나중이지만, 자신에게 최선의 길을 안내하는 최후의 행복 문지기다.

현대사회에서는 보통 사람의 눈으로 볼 때 충분한 돈이 있지만, 돈 욕심에 양심을 버리고 그 대가를 치르는 사람들이 많다. 정보 기술이 발달함에 따라 감시 시스템이 세밀하게 작동하는데도 줄어들지 않는다. 양심에 따른다는 것은 금전의 손실이나 신체의 구속을 초래하기도 하지만, 결국 자신을 사랑하는 장기적 의사 결정이다. 양심이란 '목전의 이익에 한눈팔지 않도록 자신을 지켜주는 셀프 감시 카메라'다. 난감한 선택의 기로에 섰다면 조용한 곳에 앉아 눈을 감고, 앞서 제시한 '나는 누구이며 지금 어디로 가고 있는가'와 더불어 양심의 소리를 들어보고 자신을 안내하라.

하고 싶은 일, 잘하는 일, 의미 있는 일

나를 발견하는 세 가지 질문과 나를 인정하는 세 가지 인식을 도표로 정리했다.

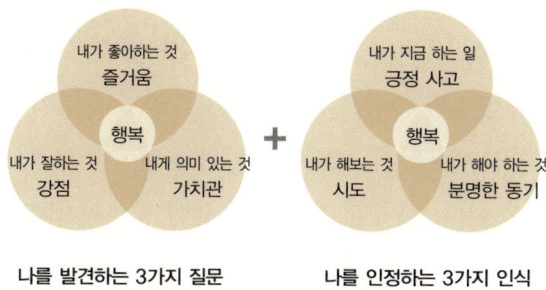

나를 발견하는 3가지 질문　　　나를 인정하는 3가지 인식

여기에 함정이 하나 있다. 나를 발견했지만 삶이 반드시 그 바탕에서 펼쳐지는 것은 아니다. 그렇게 하기 어려운 환경에 처하기도 한다. 그런 때는 '무엇을, 어떻게, 왜'라고 자문하고 답해보자. 우선 지금의 자신을 인정하는 데서 출발하는 것이 필요하다.

많은 사람들이 "하고 싶은 일을 하라, 잘하는 일을 하라, 인생에서 의미 있는 일을 하라"고 조언한다. 그러나 현실적으로 생각할 때 이런 조언을 따라 해서 성공한 사람이 얼마나 될지 의심스럽다. 하나씩 생각해보자.

① '하고 싶은 일'을 하라고?
진로도 모른 채 막연히 해보고 싶어서 덤벼든 일이 있다고

치자. 상황 때문에 어쩔 수 없이 하는 일일 수도 있다. 앞길은 알 수 없더라도 지금 하는 일을 열심히 하다 보면 전문가가 되고, 전문가가 되면 그 일이 좋아진다. 지금 하는 일이 싫다면 일 외에 환경 때문인지도 모른다. 연관된 일이나 사람 때문에 싫어지기도 한다. 하지만 하고 싶은 일이 무엇인지 모른다면 하기 싫어지는 환경을 극복하고, 지금 하는 일을 열심히 해보는 것이다.

② '잘하는 일'을 하라고?

잘하는 일은 불가피한 경쟁 시장에서 비교 우위가 아닌 경쟁 우위를 포함한다. 비교 우위는 학력이나 학벌 같은 객관적 지표의 우위다. 경쟁 우위는 능력과 실력의 우위다. 세상에서 실제로 평가하는 것은 결국 능력과 실력이다. 아직도 그렇지 않다고 주장하는 사람들이 많을 것이다.

그렇다면 일류 대학을 나오지 못한 사람이나 대학 공부를 하지 못한 사람이 각계각층에서 리더가 되는 것은 어떻게 가능한가? 강점 경영 전략을 실행했기 때문이다. 지금 내가 가장 잘하는 일을 더 열심히 하면 상대적 위치가 단단해진다. 경쟁이 없는 시장이라면 잘하는 일, 못하는 일을 가릴 필요가 없다. 공급이 절대 부족하여 수요를 따라갈 수 없는 시장에서는 누구라도, 어떤 기업이라도 공급자의 위치에 서면 이익과 성장을 만끽할 수 있었다. 지금은 대다수 산업이 수요보다 공급이 넘치는 구조다.

③ '인생에서 의미 있는 일'을 하라고?

일을 통해 인간으로서 존재, 만족, 행복을 추구하라는 말이다. 예를 들어보자. 불법으로 비자금을 빼돌리면서 자기가 인생에서 의미 있는 일을 한다고 행복을 느낄 수 있겠는가? 자신이 가진 부의 많고 적음을 떠나서 그런 사람들이 제법 있다. 절도는 남의 것을 훔치는 것뿐만 아니라 사회 공동체가 정한 절대선을 따르지 않는 것도 포함된다.

실업이란 인간 사회에만 있는 독특한 상황이다. 특별히 직장에 다니지 않고도 내가 할 일, 할 수 있는 일, 그것을 통해 보상받을 수 있는 무직 사회가 필요하다. 나이에 상관없이 자신이 하고 싶은 일이 무엇인지 도대체 알 수 없다면 자신이 무엇을 할 때 평안하고 기분이 좋은지, 기대되고 흥분되는지, 행복한지 적어보라. 그 가운데 해답이 있다.

탁월한 성과를 만들어내는 재보험 회사 코리안리의 박종원 사장이 미디어 인터뷰에서 다음과 같이 말했다.

"실력도 실력이지만 정신과 육체가 강해야 한다. 지덕체가 아니라 체덕지다. 기업의 생존력도 결국 '야성'이다. 섬섬옥수로 고생이 없으면 자기만 손해다. 월남전이 터졌을 때 해병대에 지원해 많은 것을 경험했다. 이유 없이 두들겨 맞고, 영하 20도에 이불도 없이 동료들과 끌어안고 잤다. 구닥다리 옛날얘기 같나? 난 그 뒤로 세상이 쉬워졌다. 고시도 해병대 다녀와서 도전했다."

인간의 보편적 속성 10가지

사람들은 자신이 진짜 좋아하는 일 혹은 인생에서 의미 있는 일을 하기 위해 직업을 바꾸고 수입이 줄어드는 것을 감수할 수 있다고 말한다. 그러나 기회가 왔을 때 과감한 결단으로 꿈꾸는 길을 가기 위해 행동하는 사람은 극히 드물다. 두렵기 때문이다. 막힘없는 고속도로를 두고 비포장도로를 택할 사람은 없다. 불확실한 미지의 세계에 대한 두려움, 수입이 줄어 생활고에 시달릴 수도 있다는 두려움이 발목을 잡는다.

그래서 자유인은 드물 수밖에 없다. 남들이 가지 않은 길을 가야 하지만, 인생이 마감될 때까지 그 길로 나서지 못하다가 마감에 임박해서 후회하는 것이 일반적이다. 자유인 가운데는 강제로 떠밀려 그 길로 나선 사람들이 드물지 않다.

나를 이해하기 위해 인간의 보편적 속성 열 가지를 생각해보자(보편적 속성이라고 전제한 것은 모든 사람에게 해당하는 속성이 아니며, 열 가지 모두 해당하지 않는 예외적인 사람이 있기 때문이다). 각자는 모두 다른 특별한 존재지만, 사회적 인간이라는 환경에서 볼 때 공통점이 있다.

① 사람은 반드시 실수와 실패에서 배운다

우리가 인정하는 실패가 없다면 성공도 존재할 수 없고, 그때 우리는 성공이라는 말을 할 수도 없다. 우리가 하는 모든 일은 성공일 것이다. 우리는 성공과 실패라는 범위를 정했으니 성공은 무조건 좋은 것이라 생각하고, 모두 성공을 향해 매진하며 그 비결을 열심히 탐구한다. 그러나 타인의 성공 방정식이 내게는 그대로 적용되지 않는다. 자원이 다르기 때문이다. 타인의 실수나 실패를 피하기보다 자신의 실수나 실패를 혁신의 대상으로 삼아야 한다. 성공은 학습보다 모방의 대상이 되기 쉽다. 드러커는 성과에는 실패도 포함되며, 성과의 평가는 성공률로 따져야 한다고 했다.

페이스북보다 먼저 소셜 네트워크 서비스 아이디어를 실행에 옮긴 싸이월드 창업자 이동형 사장은 대기업에 근무했다. 늘 통근 버스를 이용했는데, 어느 날 자기가 탄 통근 버스 옆으로 근사한 스포츠카가 지나가더란다. 한동안 옆 차선으로 나란히 달리던 스포츠카가 어느 지점에서 오른쪽으로 방향을 바꿔 사라졌다. 이 사장은 무릎을 쳤다.

"나도 저 스포츠카 운전자처럼 내가 우회전하고 싶을 때 우회전하고 좌회전하고 싶을 때 좌회전해야겠다."

이동형 사장은 얼마 뒤 사표를 내고 독립했다.

"나는 버스에서 내렸다고 생각했는데 주변을 돌아보니 망망대해고, 내가 내린 건 버스가 아니라 홀로 떠 있는 배였어요. 죽기 살기로 헤엄쳐 겨우 살아났지요."

결국 이 사장은 싸이월드를 대기업에 매각했다. 자유인 클럽에 과감하게 도전했으나, 만만찮은 일임을 깨달은 것이다. 지금 이동형 사장은 싸이월드를 교훈으로 삼아 새 사업에 몰두하고 있다. 그는 자유인의 길을 포기하지 않고 전략을 바꿨다.

② 누구나 타인에게 도움을 주고 싶은 욕구가 있다

거리에서 길을 묻는다고 때리거나 욕하는 사람을 만난 적이 있는가? 오히려 몰라서 답해주지 못한 것을 미안해할 것이다. 타인에게 도움을 베풀었을 때 자신이 받는 행복감이 크기 때문이다. 집에서 가족에게, 회사에서 상사에게, 학교에서 교수에게 서슴지 말고 질문하라. 질문한다고 나무라는 사람은 함량 미달 인간이다. 사람은 타인의 질문에 답할 수 있고, 가르쳐줌으로써 자신의 지식이 가치 있다는 자부심, 질문에 해답을 주었다는 자신감, 독립적 인간으로서 만족감을 느끼며 타인의 어려움을 해결하는 데 도움을 주었다는 행복을 느낀다.

③ 모르기 때문에 오해하고, 알면 사랑한다

누구나 오해한 경험이 있을 것이다. 왜 오해가 생기는가? 상대와 그 사건을 잘 알지 못하기 때문이다. 자신의 단편적 생각으로 사건이나 타인을 판단하기 전에 유보하라. 미디어를 100퍼센트 믿는 사람이 있는가? 그것은 자신의 패러다임(세상을 보는 방식)과 일치하기 때문이지 진실 여부와 관계없다.

어떤 여성이 남편을 살해했다는 신문 보도를 보았다. 자초지종을 알기 전에 그 여성이 어떤 사람인지 판단하기 어렵다. 남편의 오랜 폭력과 주정을 못 이겨 그런 일을 저질렀는지, 우발적이거나 어쩔 수 없는 원인이 있었는지 모르기 때문이다. 군사독재로 수많은 동포들의 인생을 파국으로 내몬 사람들을 아직도 존경한다며 추종하고 동조하는 사람들은 왜 그럴까? 입장이 다르기 때문이다. 원수라도 자신에게 득이 되고, 속속들이 알면 친구가 될 수 있는 것이 사람 사는 세상이다.

④ 큰 사건은 작은 사건이 누적된 결과다

대참사도 사소한 것이 원인이다. 그러니 사소한 사건도 소홀히 다루면 안 된다. 미국항공우주국NASA 우주선도 손가락 한 마디 크기도 되지 않는 나사의 탭 때문에 폭발했다. 이후 우주선 폭발의 위험을 제거하기 위해 1억 5000만 달러를 들여 나사 부품 하나를 교체했다. 그대로 사용할 수도 있었으나, 만에 하나 사고를 예방하기 위해 지출한 것이다. 극히 낮은 확률이지만 사고가 난다면 15억 달러를 날리는 일이다.

미래의 불행한 사건을 피하려면 지금 일어나는 사건에서 진짜 문제가 무엇인지 찾아볼 수 있는 여유와 차분함이 필요하다. 발등에 불이 아니라면 판단과 행동을 유보하라. 운이란 우리가 어쩔 수 없는 시간의 흐름이므로, 불운을 당했다면 절망할 것이 아니라 회복의 시간을 위해 인내하고 기다리며 생각해야 한다.

⑤ 성격은 나이와 비례하여 더욱 경직된다

인간의 성격은 지구가 태양 주위를 도는 것과 같이 그 궤도가 고정된 것으로 봐야 한다. 주변에 성격이 바뀐 사람이 있다면 곰곰이 생각해보라. 그 사람 성격이 바뀐 것인지, 성품이 바뀐 것인지. 남자는 군대에 다녀오면 성격이 바뀐다고 하지만, 바뀐 것이 아니라 가려진 것이다. 진짜 성격은 내부에 휴화산으로 있다가 자신이 소화하기 어려운 상황에 처하면 본래의 성격이 드러난다.

성격이 바뀌기 어려운 것은 시간의 누적에 따른 후천적 습관과 선천적 DNA로 만들어지기 때문이다. 이 두 가지를 바꾸려면 누적된 시간에 비할 만큼 성격을 바꿔야 하고, DNA를 바꿔야 한다. 지금의 과학기술로는 불가능에 가깝다. 그러니 성격이 아니라 성품을 바꾸려고 해야 한다.

성품은 성격의 외적 포장이다. 성격이 지구의 핵이라면 성품은 지구의 그 나머지 부분, 우리에게 보이는 것은 맨틀이다. 성품의 속성은 습관이나 가치관과 연결되고, 자신의 인생 전략과 방향을 같이한다. 성품을 다듬는 것은 가치관을 바르게 정립하고, 인생 전략을 자신이 원하는 방향으로 세우고, 그에 따라 행동하는 것이다. 이 과정에서 내가 바라는 성품이 어떤 것인지 발견할 수 있고, 그런 사람이 되고 싶다는 동기가 세워지고 행동으로 연결되니 자기 혁신이 이루어진다.

⑥ 인간은 고정관념에서 벗어나기 어렵다

한 국가에서 가치관이 다른 사람들끼리, 크게 보면 정치집단이나 종교 집단 간에 충돌이 없는 곳은 없다. 한쪽에서 보면 도대체 같은 인간으로 생각할 수 있을까 싶을 정도로 가치관이 다르다. 이는 나이가 많을수록 강력해서 고령자들은 대부분 보수적 사고를, 청년들은 진보적 사고를 한다. 따라서 지금 진보적 사고를 하는 청년이라 해도 세월이 흐른 뒤에는 다른 자신을 발견한다. 자신의 생각으로 주입된 가치관은 이념과 비슷하여 고정된다. 큰 사건을 경험하기 전에 좀처럼 생각을 바꾸지 못하는 것은 이 때문이다.

⑦ 현실보다 자신에게 이로운 이상을 바라보고 결정한다

사람이 도박에 빠지는 것은 기대 심리 때문이다. 현실적으로 확률이 낮다는 것을 알면서도 자신이 바라는 이상에 의존하여 선택한다. 마음을 빼앗긴 사람은 아무리 부정적인 말을 들어도 자신의 믿음을 지탱하는 쪽으로 합리화하게 마련이다. 선거에서 유권자들이 후보가 지금까지 해온 일이나 사실을 근거로 판단하기보다 공약과 입발림에 따라 선택하는 경향이 강한 것은, 원치 않는 현실보다 바라는 이상을 보고 결정하기 때문이다.

"우리 육체는 압력이 없어지면 무너지듯이 파열된다. 마찬가지로 인간의 정신도 고뇌라는 압력이 없어지면 파괴된다."

쇼펜하우어의 인생론 에세이 《사랑은 없다》에 나오는 말이다. 사람에게 일이 있어야 하는 것은 해야 할 일, 하고 싶은 일이 없다면 살아야 할 이유도 없기 때문이다.

⑧ 타인의 성격을 바꾸려는 시도는 관계만 해친다

이 세상이 다양하고 개성이 넘치는 것이 인간 사회의 원동력이다. 사회가 획일적 사고와 개성 없는 사람들로 구성되었다면 지금의 현대사회는 탄생할 수 없다. 개성, 즉 자신의 고유한 성격이 플러스 진화의 거름이다. 가정에서나 조직에서나 내가 믿는 어떤 것이 최선이라는 오만과 편견에 사로잡힌 사람은 타인의 성격과 가치관을 바꾸려고 시도한다. 경험과 지식 보따리가 풍부하여 타인을 가르치는 위치에 있는 사람도 마찬가지다.

그러나 입장을 바꿔 생각해보자. 그렇게 하려는 사람이 타인에게 성격 개조 요구를 받거나 강제당한다면 어떨까? 그렇게 해서 바뀔까? 바뀌지 않는다. 누구도 타인의 성격을 바꾸기 어렵다. 그것은 내면의 문제이기 때문이다.

드러커는 경영자가 구성원의 성격을 바꿀 권리도 없지만,

그런 시도는 실패할 수밖에 없다고 했다. 그러므로 가정이나 조직에서 타인의 성격을 바꾸려는 시도는 무모한 것이고, 그 때문에 인간관계만 해친다. 자유인을 지향하는 사람이라면 타인의 자유를 바꾸려는 헛된 시도는 하지 말아야 한다. 아무에게도 그런 권리는 없다. 자유인은 타인의 자유도 용인하는 사람이다.

어떤 그릇이 있다고 하자. 우리는 이 그릇의 형태를 바꿀 수 없다. 만들어진 것이기 때문이다. 그러나 그릇에 무엇을 채울지는 선택할 수 있고, 마음에 들지 않을 때는 내용물을 바꾸면 된다. 그릇 자체가 아니라 무엇이 담겨 있는가 하는 점이 중요하다. 각자 자기라는 그릇에 무엇을 담을까 하는 것이 자유의지다.

종교란 '흔들림 없는 가르침'에서 그쳐야 한다. 도올 김용옥 교수는 종교를 "삶의 의미를 찾는 것"이라고 했다. 종교의 본질인 자비와 사랑이 왜곡되면 종교가 주인이 되고, 그 종교를 믿는 자는 노예로 전락한다. 사고는 인격의 프레임인데, 문화가 더욱 다양해지는 21세기 사회에서 나만 옳다는 일방적 사고는 이해의 폭을 제한한다. 이것은 결국 타인과 충돌을 야기하고, 인생 에너지를 낭비하게 만든다.

⑨ 행동으로 이끄는 것은 이성이 아니라 감정이다

우리는 대부분 자신이 어떤 문제를 이성적으로 생각하고 판단한다고 믿는다. 하지만 의사 결정에 이르는 과정과 행동으로 연결되는 과정에서 주도적 역할을 하는 것은 감정이며, 최대한 감정을 배제하고 이성이 주가 되어 판단하고 선택했다 해도 결정이 행동으로 전환되는 순간 감정이 주인이다. 부모가 자식의 결혼을 이성적 판단으로 안내하려고 해도 감정이 주인이 된 자식의 선택을 돌릴 수 있는 방법은 거의 없다. 이 경우 자식의 마음을 돌릴 수 있는 길은 감정에 호소하는 것이지 이성적 설득이 아니다. 나는 이 때문에 인생이 돌이킬 수 없는 과거에 파묻힌 사람들을 주변에서 흔히 보았다.

⑩ 가족 이기주의는 예외를 찾기 힘들다

인간은 결혼 전후로 가치관이 바뀐다. 결혼하여 가족이라는 조직이 만들어지는 순간, 모든 사람은 가족 이기주의에 빠진다. 당신은 예외라고 생각하는가? 그래도 당신의 배우자까지 예외일 수는 없다. 자식이 더 잘 먹고 잘살기 위한 일이라면 불법, 탈법 등 물불을 가리지 않는 것이 대다수 부모다. 이상하게도 이런 경향은 재력이나 권력이 있는 사람일수록 더 강하다.

사회 행복의 척도는 스스로 자유인이라고 느끼는 사람의 수와 비례한다. 그러므로 우리는 자유인의 길을 지향해야 한다. 그것이 다수의 행복을 이끄는 개별 공헌이다. 드러커는 공헌에 초점을 맞춰 성과를 올리는 데 필요한 역량을 개발할 수 있다고 했다. 가족 이기주의에서 완전히 탈피하기는 어렵겠지만, 자기 경영을 통해 지구 사회에 공헌해야 한다는 것이다.

나에 대한 질문 3가지

1. 당신은 자신의 성격이 어떤지 아는가? 안다면 당신 성격의 특징을 10가지 적어보라.

---

2. 당신은 같은 실수를 반복한 적이 있는가? 있다면 그 이유는 무엇이라고 생각하는가?

---

3. 당신은 가족 이기주의에서 벗어날 수 있다고 생각하는가? 벗어날 수 없다면 그 이유는 무엇이라고 보는가?

실천 Tip 지구 밖 제삼자의 시각

지구를 벗어나 칠흑 같은 우주 공간에 자신을 올려놓고 아름다운 지구를 바라보자. 나는 어디에 있으며 누구인가? 나라는 존재는 티끌보다 큰가? 뜻이 있는 곳에 길이 있다. 지금 젊었거나 나이 들었거나 탓하지 말고, 그 길을 만들어 자신을 사랑하고 자신이 사랑하는 사람들을 사랑할 수 있는 능력을 확보하자.

귀화한 미국인 민병갈 씨가 천리포수목원을 설립하여 나무를 심기 시작한 것은 50세 때다. 그는 나무에 대한 지식도, 수목원 경영의 노하우도 없었다. 그러나 배우고 공부하고 가꿔 천리포수목원을 국제수목원협회에서 세계 최고의 수목원으로 인정받도록 만들었다. 늦었다고 하지 말고 지금이라도 시작하면 사회에 공헌하는 1인 자기 경영자가 될 수 있다.

우주에서 보는 나

Step 2

인생에 대한 탐구

①

인연과보의 법칙에 따르는 인간 생활

인간 생활의 원리

우리는 인생이라는 무대의 일시적 주인공으로, 잠시 빌린 육체의 계약직 조종사다. 우리 몸은 60조 개 세포의 연합이고, 각 세포는 개별 지성이 있다고 생각한다. 60조 개 지성의 완전한 협력으로 내가 존재하는 것이다. 외부 환경의 영향이나 섭취한 음식물의 유해성 때문에 한 개라도 협력의 묵시적 관계에서 이탈하거나, 마음의 부조화로 그들이 영향을 받아 변하면 협력에 틈이 생겨 몸에 이상을 일으킨다. 우리는 무한 우주 시간에서 극히 짧은 시간 동안 제한된 무대의 주인공 역할을 할 뿐이다. 각자가 창조한 것은 아무것도 없다. 자연 자원을 무상으로 차용하다가 본래 주인에게 돌려주고 갈 뿐이다.

인간 생활은 무한 시간의 평균대 위에 있는 유한 활동이다.

저축이나 되찾기가 불가능하기 때문에 영원히 사는 것처럼 시간을 허비할 수 없다. 24시간밖에 살지 못하는 하루살이처럼 후회 없이 사용해야 한다(하루살이가 실제 성충이 되어 사는 기간은 한 시간에서 3주까지 다양하다).

모든 일에는 원인이 있고 그에 따른 사건의 과정과 결과, 결과에 따른 보답이 있다. 우리는 살기 위해 태어났지만 결국 죽는다. 그런데 눈에 보이는 몸만 죽고 영혼은 영원히 사는가? 알 수 없다. 알 수 없는 것을 추측으로 단정할 수 없는 일이다. 우리가 아는 것은 눈에 보이는 모든 것은 반드시 소멸한다는 사실뿐이다. 나는 천국과 지옥이 있다는 종교인의 말에 동의하지 않는다. 모르기 때문이다. 모르는 것은 모르는 상태가 나의 답이다. 흑과 백으로 나누듯이 하나의 답이 있어야 하는 것은 아니다. 모든 의문에 반드시 답이 있어야 할 필요는 없다. 없는 것을 그 자체로 정의할 수 있듯이 답이 없는 것도 마찬가지다.

인생은 자신의 의지와 무관하게 시작된다. 선각자들은 우리가 이 세상에 온 것과 어떤 부모를 만나는가 하는 것이 모두 자기의 선택이라고 하지만, 현재까지는 알 수 없다. 이 세상에 오는 것과 인생이 각자의 뜻대로 된다면 공동체는 탄생할 수 없을 것이다. 다시 말해 이 세상 모든 사람들이 인생을 자신이 원하는 대로 만드는 마법을 부릴 수 있다면 우리가 사는 공동체 세상이 존재할 수 없다.

누구나 최고 권력자가 되기를 바라고, 누구나 억만장자로 살고 싶어 하며, 영원한 생명을 원할 것이다. 무엇이든 뜻대로 할 수 있는데 누가 타인의 노예가 되겠는가? 사회 구성원으로서 더 잘 먹고 잘살려고 발버둥 치는 것은 불확실한 미래의 욕망 때문이다. 만만치 않은 인간 생활에서 지금보다 나은 내일이라는 희망의 동력이 우리에게 최선을 다할 동기를 준다.

후회 없이 최선을 다하라

인간 생활은 문제를 인식하는 데서 시작된다. 부모 품을 떠나 홀로서기를 시작할 때는 어떻게 먹고살지 생존의 문제에 직면하는 시기다. 어떤 사람은 성인이 되기도 전에 생존하기 위해서 혹독한 자립을 요구받기도 한다. 결혼하면 가족이 생기고, 가족 전체의 생존 문제를 관리해야 한다.

인생이 곧 문제에서 출발한 것이고 행복이 궁극적인 삶의 목표라면, 문제 가운데 본질적으로 불가능한 욕구는 잊어버리는 것도 해결책이다. 현대사회가 생존경쟁 사회라고 하나, 실제는 더 잘 먹고 잘살기 위한 경쟁이다. 단지 생존이 목적이라면 굳이 기를 쓰고 살아야 할 필요가 없다. 시골 생활은 도시 생활비의 반도 들지 않고, 가족 없이 혼자 산다면 그만큼 책임이 가볍고 더 여유로운 생활이 가능하다.

최선을 다해도 원하는 바를 이룰 수 없는 경우가 많다. 그래서 인생은 끝나기 전에는 뭐라고 단정 짓기 어렵다. 매일 후회 없이 최선을 다하고, 그다음은 우리가 어찌할 수 없는 운에 맡겨보자. 행운과 불운은 시차가 있을 뿐 발원지가 같다.

생명체 순환의 4단계

모든 생명체는 네 가지 생리 단계를 통해 생명을 유지한다. 내부 시각으로 보면 흡수-소화-순환-배설이고, 외부 시각으로 본 것이 생로병사다. 이것은 인간의 생리 시스템을 그대로 답습하는 법인도 동일하다. 이 4단계 가운데 한 가지라도 망가지면 인간과 법인은 생명을 잃는다.

우리의 삶은 생리 4단계와 같이 원인-연유-결과-보답이라는 인연과보因緣果報로 구성된다. 거꾸로 보가 있어 인이 생기

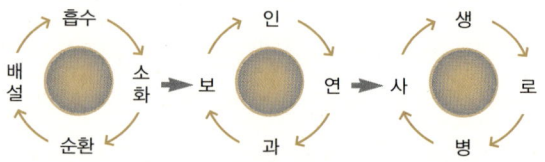

자연 순환의 법칙 4단계 : 인연과보와 생로병사

고, 이 4단계 순환을 반복한다. 원인은 모든 사건의 근본 동기고, 연유는 원인이 결과를 낳게 하는 작용이며, 결과는 우리가 보고 느끼는 대상이고, 보답은 결과에 따라 우리가 받아들여야 하는 현실이다.

인은 연에 의해 반드시 결과를 만들어내고, 그 결과는 인연의 주체에게 어떤 형태로든 영향을 미친다. 논에 씨를 뿌려 곡식을 거두는데, 흙과 물 그리고 햇볕이 없으면 자랄 수 없다. 이것이 연이다. 성장해서 곡식으로 본성을 드러내면 그것이 과요, 논을 일구고 거둔 사람이 그 곡식을 먹을 수 있도록 하는 것이 보다. 인연에는 선연과 악연이 있는데 가뭄이 들어 들판의 곡식이 말라 죽어갈 때 먹구름이 모여 비가 내리는 것이 선연이고, 반대로 메마른 산에 작은 불이 일어났는데 바람이 불어 닥치는 것이 악연이다(원불교 대종사의 법문 참고).

선순환의 법칙

인연과보가 우리에게 주는 교훈은 언제나 기회가 네 번 있다는 것이다. 모든 일의 원인이 되는 인에서 제일 먼저 좋은 연을 만들 기회가 있고, 연의 단계에서 좋은 과를 만들 기회가 있고, 과에서 좋은 보를 만들 기회가 있고, 보에서조차 과를 어떻게 받아들일지 기회가 있고, 동시에 새로운 인을 만드는 선택의 기회가 있다. 좋은 보를 위해 좋은 인을 만들고, 타인에게 선을 베풀어 선연을 만들고, 악연의 씨앗을 뿌리지 않도록 불운을 배제해야 한다. 오늘 나의 이익을 위하여 타인에게 해를 끼치면 인연과보의 법칙에 따라 언젠가는 그 해가 자신에게 화로 돌아온다는 것을 인식해야 한다.

자기 손으로 저지른 것만 살인이 아니다. 도덕과 양심에 기반을 둔 선택과 행동은 내가 속한 사회 환경을 향상하는 일이고, 그 공동체의 일원인 나와 내 가족이 혜택을 받는 인연과보의 흐름이다. 시간과 공간의 위치에서 삶이 시작된다. 초기 조건의 작은 차이가 최종 결과에 크게 반영되기 때문에 선순환의 법칙이 얼마나 중요한지 기억해야 한다.

자식에 대한 부모의 사랑은 물처럼 위에서 아래로 흐른다. 부모와 자식은 자연의 이치에 따른 것이다. 물이 거슬러 올라

가기 힘든 것처럼, 부모에 대한 자식의 사랑은 그 반대를 이기지 못한다. 그것은 마치 연어가 바다에서 태어난 강으로 돌아가기 위해 온 힘을 다하고, 임무를 완수했을 때 생명을 버려야 하는 것처럼 어려운 일이다. 연어의 노력은 미래를 위한 것이지 과거를 위한 것이 아니다. 자식을 위해 생명을 버리는 부모는 있어도 부모를 위해 생명을 버리는 자식은 드물다. 이것이 선순환의 본질이고 인간의 본능이다. 드러커는 과거를 위해 자원을 투입해서는 안 되고, 미래를 위해 현재의 자원을 투입해야 한다고 했다.

❷ 도전과 응전의 대상인 자연법칙

작용과 반작용

뉴턴의 제3법칙인 작용과 반작용은 중학생 때 배우는 기초 물리다. 이것은 물체 A와 B의 상호작용에 관한 법칙이다. 물체 A가 물체 B에 미치는 것을 작용, 물체 B가 물체 A에 미치는 것을 반작용이라 한다. 작용이 있으면 반드시 반작용이 있고, 그 크기는 같으나 방향은 반대다.

우리는 사회생활을 하면서 많은 구성원과 어울려 살아간다. 사람의 관계에서도 작용과 반작용이 그대로 적용된다. A가 B의 성공을 바라고 능력 범위에서 진심으로 B를 도와준다고 하자. B가 성공한 뒤 그 성과를 누리는 것은 누구인가? A와 B다. 작용과 반작용의 법칙은 우리가 자신의 성공과 행복을 위해 타인의 성공을 돕고 애써야 하는 이유를 가르쳐준다.

외부에서 어떤 작용이 내게 미치더라도 물리법칙을 수용하며 전환할 수 있는 것은 나의 선택이다. 축구를 할 때 중앙 공격수에게서 넘겨받은 공에 발을 대는 것만으로도 공의 방향이 바뀌어 내가 원하는 골문으로 넣을 수 있다. 날아오는 공의 문제가 아니라 어떻게 대응할까 하는 선택의 문제다. 플러스 작용에는 가감 없이 수용하는 반작용이면 되지만, 마이너스 작용에는 전환하는 것만으로도 플러스로 바꿀 수 있다.

중력과 중력 돌파

《해리 포터》를 쓴 조앤 롤링이 하버드 졸업생을 대상으로 한 강연에서 "실패에 익숙해지는 연습을 하라"고 했다. 실패는 성공이라는 퍼즐의 한 조각이다. 실패가 실패로 끝날 때 좌절이라고 하지만, 거기에서 배운 것이 있고 다시 도전하면 그만큼 성공할 확률이 높아진다. 그러므로 재도전할 의지가 있는 한 실패는 실패가 아니다.

우리는 혼자 힘으로 공중에 높이 치솟을 수 없다. 중력 때문이다. 우주탐사 로켓은 지구를 벗어나기 위해 중력 탈출 속도인 초속 약 11.2킬로미터가 필요하다. 실패의 중력을 돌파할 수 있는 힘이 성공 욕망이다. 성공 욕망이 분출하기 위해서는 분명한 동기가 필요하다. 그것이 사는 이유다.

관성과 관성 극복

'습관이 인격'이라는 말은 습관을 바꾸기가 매우 힘들다는 의미다. 시간의 관성을 이길 수 있는 방법은 없다. 다만 우리는 시간의 관성에 편승할 수 있다. 우리도 습관에 갇혀 있기 때문에 벗어나기 위해서는 습관을 탈출하는 훈련이 필요하다. 습관 탈출 속도를 결정하는 것 역시 동기다.

약점의 관성에서 벗어나려고 노력하면 얻는 것보다 잃는 것이 많다. 강점의 관성을 흡수하고 강화하는 것이 약점을 극복하는 길이다. 강점이 크면 약점은 무시될 수 있다. 우리가 삶에서 실제 가치 생산수단으로 활용하여 성과를 내는 것은 강점이지 약점이 아니다.

❸
에너지 불변의 법칙과 감사의 원리

에너지 불변

당신은 지금까지 살면서 우주의 스포트라이트를 많이 받지 않았는가? 더 이상 받지 못한다고 원망하거나 섭섭해할 필요 없다. 지금까지 받은 것을 돌아보자. 에너지보존법칙을 상기하여 자신이 받은 스포트라이트를 다시 비춰보면 어떨까?

한번 생성된 에너지는 형태만 바뀔 뿐 영원히 존재한다. 어떤 에너지도 총량은 변하지 않는다. 지구상의 물은 71퍼센트고, 우리 몸의 물도 71퍼센트를 차지한다. 지구 탄생 이래 아직까지 물의 비율은 변하지 않고 있다(이것이 영원한 진리라고 생각하지 않는다. 현재 인류 과학의 수준에서 분석한 것일 뿐이다).

우리의 생각도 에너지다. 생각이 그러한데 입으로 한 말은 말할 나위도 없다. 누군가 진심으로 칭찬하면 그 긍정의 에너지가 무한히 존재한다. 마찬가지로 우리가 만드는 나쁜 생각과 행동의 부정적인 에너지는 고스란히 남는다. 아무리 작은 일이라도 감사하면 플러스 에너지가 생성된다. 감사의 원리는 타인을 기분 좋게 하고, 그로 인해 자신도 기분 좋게 만드는 선순환 에너지다. 자신이 유능하고 똑똑하다고 생각하는 사람일수록 사소한 것에 고마움을 표하는 데 인색하다. 이런 태도 때문에 더 나은 사람이 될 수 있는 기회를 차버린다. 대문 밖을 나서는 순간, 나보다 유능하고 똑똑한 사람이 즐비하다.

가시도 축복이다

이 세상에 타인의 도움 없이 잘 살 수 있는 사람은 없다. 사람은 고통과 시련, 병마를 딛고 일어나면 더 강해진다. 사도 바울은 "가시도 축복이다"라고 했다. 고마워할 줄 모르면 행복을 덜 발견할 수밖에 없다. 우리가 고맙다는 말을 하는 것은 타인에게 받은 배려에 대한 부담을 덜어주는 효과도 있다. '고맙습니다'라는 말로 상대에게는 인정의 효과를 주고, 자신은 부담을 줄임과 동시에 교양 있는 사람이 되는 것이다. 지금 숨 쉬고 움직이고 느끼고 생각할 수 있는 것에 고마워하자.

인생에 대한 질문 3가지

1. 당신은 인간이 윤리 의식을 가지고 양심을 바탕으로 사는 것이 행복한 인생에 다가가는 길이라는 말에 동의하는가?

　

2. 지금 당신에게 가장 중요한 것은 무엇이며, 그 이유는 무엇인가?

　

3. 오늘 하루를 마감하면서 당신이 진정 감사하는 일을 모두 적어볼 수 있는가?

실전 Tip 피드백의 중요성

내가 누구인지, 어떻게 일하는 사람인지 알려면 석 달 동안 하려고 한 일과 그 일의 결과를 비교하는 피드백 분석을 해야 한다. 엑셀로 간단하게 만들면 해답을 보여준다. 방법은 목표를 설정할 때 기대하는 결과를 기한과 함께 적고, 기한이 완료되었을 때 결과를 처음 목표와 비교하는 것이다. 어떤 의사 결정을 한 뒤 후회하는 경우가 많은데, 이런 때도 피드백 분석을 해보면 똑같은 실수를 반복하지 않는다.

번호	목표	기한		결과	차이	원인
		시작	종료			
1	인문 서적 10권을 읽고 독후감 쓰기	10월 1일	12월 20일	1월 10일	20일 지연	투입 시간 자원 부족
2	하루 30분씩 우리말 어원 공부하기	10월 30일	11월 30일	15일 실행	15일 불이행	출장

Note

Step 3

세상에 대한 탐구

❶
우리가 바라는 이상 사회

도덕 인본주의

세상 모든 사람들이 바라는 사회는 '풍요롭고 건강하여 행복한 사회'다. 왜 모든 나라들이 잘사는 것을 국가 경영의 제1목표로 추진하는가? 가난하면 행복과 멀어지고, 풍요하면 행복과 가까워질 수 있기 때문이다. 부가 있으면 많은 것을 할 수 있다. 이것은 개인이나 국가나 동일하다. 부의 강점은 많은 것을 할 수 있는 기회를 확보하는 것이지 부 자체가 아니다.

도덕 인본주의는 인격과 사랑이 바탕이다. 그러나 도덕 인본주의에서 기준이 지나치게 높으면 위선과 탈법을 조장하는 원인이 된다. 보통 사람이 지킬 수 있는 수준이어야 한다.

2000년 세계보건기구WHO는 소아마비의 종식을 공식적으로 선언했다. 우리나라에서는 1984년에 퇴치된 병이다. 이 병은

1950년대 중반까지만 해도 미국에서 매년 소아마비 환자가 수만 명 발생했다. 인류가 이 병을 완전히 퇴치한 것은 백신 개발자인 소크 박사의 인본주의 덕분이다. 제약 회사에서 특허를 팔라고 종용했으나, 소크 박사는 "태양에 특허를 신청할 수 없다"며 무료로 공개했다.

2011년 국제투명성기구[7]는 부패 수준과 그 나라의 경제성장률이 상관관계가 있음을 밝혔다. 이는 국가의 문제뿐만 아니라 기업이나 조직, 가정, 개인의 차원에도 동일하다. 사회생활에서 부패는 비용만 늘리는 원인이다. 조직 내 부정부패는 결코 최고경영자 한 사람에 의해서만 일어날 수 없다. 그 행위를 묵과하고 심지어 동조하여 자리와 감투를 바라거나, 거기에서 파생되는 부당한 이익을 공유하려는 추종자들이 있기 때문에 가능한 것이다. 도덕 인본주의를 지향하는 것은 저비용으로 더 많은 행복을 구가하는 지름길이다.

자연 자유주의

인간은 본래 구속됨 없이 이 세상에 태어났다. 인간을 구속한 것은 대부분 자기 자신이다. 자신의 욕망과 타협하여 거래했을 뿐이다. 자연 자유주의는 인간 본래의 자유 욕구를 인정하는 것이다. 구속받는 상태를 즐거워할 사람은 없으나, 구속의 조건이 자신의 이익과 일치한다면 적극적으로 받아들이는 사람들이 적지 않다. 개인과 가정, 기업을 비롯한 모든 조직에서는 구속을 통한 성과보다 상호 합의한 자율을 통한 성과가 훨씬 높다는 연구 결과가 있다.

더 나은 생활을 위해서는 자연의 활용이라는 거짓으로 자연을 파괴할 것이 아니라 자연에 순응하여 자연과 일체가 되어야 한다. 자유인은 자신의 자유가 중요하면 타인의 자유도 중요하다는 것을 아는 사람으로, 자신의 자유를 지키기 위해 타인의 자유를 인정하는 자연 자유주의자다.

구글에는 '근무시간의 20퍼센트를 아무런 구속 없이 창의적 개인 활동에 사용해도 좋다'는 업무 원칙이 있다. 창의적 인재들의 집단 구글에서 더 나은 성과를 내기 위해 구성원들에게 더 많은 자유를 제공하는 것이다. 실제로 학교 성적과 인생 성적은 정비례가 아니라고 하지만, 우리의 고정관념이 주는 두려움과 이익집단들의 여론 왜곡으로 학생들의 자유가 제한되고 있다. 지나간 시간을 보상해줄 사람도 없는데 인간 본래의 자유는 어른이 다 되어서야 주인에게 돌아온다.

자연 자유주의는 절대 방임이 아니다. 인간은 특히 돈이 연관된 경우에는 자기 정화 능력이 미약하기 때문에 시스템 구축 없이 무방비로 허용할 수 없는 것이 자유다.

다국적 기업 엑슨모빌의 한국 법인 사장으로 근무한 강영석 회장의 경험이다. 어느 날 본사 정기 감사팀이 도착했다. 감사 책임자는 감사를 시작하기 전 회의실 칠판에 다음 문장을 적었다.
'We believe you in God, but we audit you(우리는 신의 이름으로 당신을 믿지만, 감사해야 한다).'

믿음은 실체를 통해 증명되는 것이다.

양심 자본주의

모두 행복하려면 지속 팽창형 소비 자본주의 대신 양심 자본주의가 실현되어야 한다. 양심 자본주의는 모두 잘 살기 위한 것이고, 결국 내가 속한 사회 구성 요소와 환경을 더 건강하게 만드는 선택이다.

나는 물가와 사회적 비용이 상승하는 중요한 원인 중 하나가 부정부패라고 말했다. 2011년 글로벌 금융 위기는 자본주의의 한계의 일부에 불과하다. 인간이 계속 먹어 배가 부풀어 오르는 모습을 상상해보라. 곧 터질 것 같은 풍선처럼 불안하다. 과체중을 빼지 못하면 사회적 건강을 해치고, 결국 자멸한다. 과체중이 인간의 무한 욕심이다. 인간의 욕심이 무한궤도 열차와 나란히 달리고 있다. 종착지가 어디겠는가. 종착지가 없는 무한궤도의 주인은 시간이다. 인간은 그 시간 앞에 굴복할 수밖에 없는 운명이고, 시간의 무관심 속에 자멸하고 만다.

양심 자본주의는 개인의 이익도 중요하지만, 사회적 구성원인 개인의 이익보다 다수의 공생적 이익을 우선으로 생각하는 것을 말한다. 빵 100개를 가진 사람이 굶주린 99명에게 둘러싸여 있다면 빵이 아니라 목숨을 지키기도 어려울 것이다. 한국사에서 양심 자본주의의 본보기는 삼한갑족이라고 불리던 조선의 대부호 우당 이회영이다.

1910년 10월 한일병합의 공로로 친일 기득권 세력 76명이 작위를 받고 희희낙락했다. 두 달 뒤인 12월, 대륙의 칼바람을 온몸으로 맞으면서 만주 대륙으로 가기 위해 국경을 넘는 대가족이 있었다. 바로 이회영 일가다. 최상위 기득권 계층이던 이회영은 패망한 조선의 국가 회복을 위해 가문의 전 재산을 비밀리에 매각, 40만 원이라는 거금을 마련하여 만주로 떠났다. 당시 40만 원이면 2012년 쌀의 낮은 가격으로 어림잡아 환산해도 600억 원이 훌쩍 넘는 돈이다(당시 쌀 한 섬 160킬로그램이 3원).

—이덕일, 《아나키스트 이회영과 젊은 그들》

이렇게 훌륭한 가문이 있는가 하면, 죄를 지어도 돈이 많으면 병보석으로 나올 수 있는 것이 또한 세상이다. 권력이나 금력이 있는 사람들의 재판에서 어제까지 멀쩡하게 활보하던 사람이 갑자기 초췌한 얼굴로 휠체어를 타고 등장하는 것도 아이러니다. 자유인에게 이런 연기력은 없다.

인간 생존의 조건

인간은 생존을 위한 최소한의 조건, 즉 의식주가 해결되어야 한다. 모든 인간에게 기본 생존권은 법으로 보장되어 있으나 그 법은 문서에 불과하고, 강자의 논리가 우선이다. 양심 자본주의가 기업들에게 이익을 포기하라고 요구하는 것이 아니다. 생존 이상의 것을 원하는 사람들은 그 부가가치에 대하여 기업이 요구하는 만큼 비용을 지불하는 것이 맞다. 인간의 욕구가 기본적인 의식주에 머무르지 않고 무한하기 때문에 기업이 인간의 다른 욕구를 채워주는 사업을 통해 돈을 벌 수 있는 길은 무수히 많다.

'양심이 밥 먹여주나'라는 말이 있다. 양심대로 살면 굶거나 가난할 수밖에 없다는 비유다. 정보 접근성이 일부 사람에게 제한되고 먹을 것이 터무니없이 부족하던 시대에는 정보가 없는 사람이 많기 때문에 먹고살기 위해 양심을 속이고 이익을 취할 수도 있었다. 그러나 인터넷이 등장한 뒤 양심을 버리면 그에 따른 결과를 감수해야 한다. 단기 이익을 확보할 수는 있겠지만 결국 장기 손실로 이어진다. 우리는 이제 숨거나 숨길 방법이 없는 세상에 살고 있다.

과학기술이 발달함에 따라 앞으로는 눈에 보이는 물리적 검사뿐만 아니라 보이지 않는 생각까지 분석할 수 있는 시대가 올 것이다. 컴퓨터는 빅 데이터 분석 기술로 우리 자신도 어떤 사람인지 모르는 것을 다 알고 있다. 빅 데이터 분석 기술은 개별 인간의 미래 행동까지 예측 가능하다.

도덕의 기준이 모호하듯이 양심도 표준이 없다. 인간은 자신의 처지에 따라 해석을 달리하여 합리화한다. 그런 사람을 비난할 근거도 미약하다. 그러나 지구 전체의 행복을 위해서는 보이지 않는 곳에서 나 한 사람만이라도 양심 자본주의의 길을 가야 한다. 배부르고 안락한 노예 생활이 좋다면 양심 자본주의를 버려라. 양심 자본주의는 살아서도 죽어서도 독립을 바라는 자유인이 택할 수 있는 길이요, 자유인의 위치를 탄탄히 만들어주는 주춧돌이다.

인간은 누구나 남보다 잘나고 싶다. 남이라는 비교 대상이 없다면 자신이 못난 것을 알 방법이 없으므로 잘나려고 애쓸 필요가 없다. 우리가 자신을 어떤 틀에 넣어 구속하는 것은 비교하려는 마음 때문이요, 타인의 유혹 때문이다. 자유롭고 싶다면 타인의 자유를 구속하지 않는 것이 옳은데, 지금 세상은 그 반대로 가고 있다. 자기 생각이나 이념, 가치관과 다르면 구속하여 자신의 기준에 맞추려고 한다.

살아 있는 모든 것은 움직일 수 있을 때 생기를 느낀다. 우리도 마찬가지다. 동물원의 동물처럼 우리에 갇혔다면 견딜 수 있겠는가? 정신이 이상해지지 않는 것이 이상하다. 자연 자유주의는 타인의 자유와 다름을 존중하고 지원할 때 자신도 확보할 수 있는 것이며, 우리가 바라는 최고의 삶이다.

성공이란 어떤 상태인가

성공이란 어떤 상태를 말하는가. 일반적으로는 잘 먹고 잘사는 것인데, '내일에 대한 두려움이 없을 때' 진정으로 성공한 상태라고 할 수 있다. 대다수 사람들은 세계 경기가 불황이거나 국내 경기가 침체기에 빠지면 기업의 구조조정이 시작되므로, 언제 해고될지 모른다는 두려움에 시달린다. 내가 해고당해도 잘 먹고 잘사는 데 염려가 없을 만큼 부유하다면 그것은 모두 남의 일이 된다.

영화 〈인 타임In Time〉에 나오는 주인공처럼 생명 시간을 살 돈이 없어 순간순간이 삶과 죽음의 외줄에 선 상태라면 행복할 수 있겠는가? 아이러니지만 오늘날 많은 사람들이 미래를 기약할 수 없는 비참한 상황에 놓였다.

선과 악을 따지는 것은 절대선 외에는 무익하다. 사회 구성원의 합의에 따라 결정된 절대선은 그 합의의 약속을 지키는 것이다. 개인 간의 개별 약속은 절대선과 무관하다.

❷ 우리가 사는 현실 사회

가치 전도의 현대사회

현대는 가치 전도의 세계다. 인간이 추구하는 본래의 가치는 인간다움이다. 인간답다는 말은 짐승과 다르다는 것이며, 얼이 있어 생각하고 산다는 것이다. 본래 인간이 추구해야 할 삶의 올바른 형태는 '양심 〉 인격 〉 재물'인데, 이것이 전도되었다. 방향을 바르게 설정한다는 것은 시간의 흐름에 양심을 올바로 올려놓는 것이다. 이는 가난을 선택하라는 말이 결코 아니다. 타인이 아니라 자신을 위해 가치를 판단하는 기준을 마음의 평온에 맞추는 것이다.

이상과 현실 사이에는 언제나 차이가 존재한다. 그 차이를 줄이거나 제거하는 것이 우리의 목표다. 우리 사회는 정치적으로 민주주의를 지향하고, 경제적으로 자본주의를 선택했다.

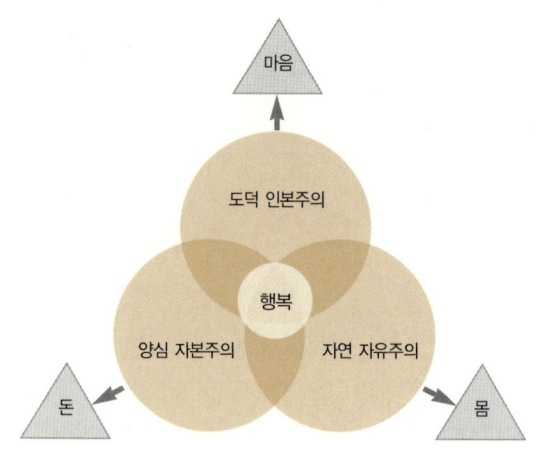

모든 사람의 행복을 위한 참 가치 실현의 삼의(三義)

상식적인 민주주의 시스템은 다수결의 원칙과 헌법에 근거한 국가 운영이다. 국민을 대신해서 국가 경영을 위임받은 사람이 대통령이나 수상이고, 국민이 더 나은 삶을 영위할 수 있도록 사회 운영 시스템을 법제화하는 것은 국회의원의 책임이다. 국민이 위임한 이들이 각자 역할을 성실히 수행하면 우리는 이상 사회로 진입할 수 있다. 문제의 시발점이 여기에 있다.

세상은 공정할까? 공정을 기대하는 것은 불가능하다. 지금 세상은 돈이 공정과 양심을 이기고 있다. 양심이란 본래 자기 자리에 온전히 있는 것이나, 열을 가하면 물이 끓고 수증기가 되는 것처럼 돈이 개입되면 양심은 정처 없이 떠돌고 자기 이익에 따라 변한다. 양심과 공정의 바탕인 선은 사회 구성원들이 그 가치를 공유할 수 있을 때 드러난다.

네덜란드가 세계 무역의 강국이 된 것은 '정직, 신뢰, 청렴'이라는 가치를 지키기 위해 목숨을 바친 역사에서 비롯되었다. 이 가치관은 공사를 망라하여 공무원과 기업인이 모두 실천하고 있다.

> 한국의 어떤 기업이 네덜란드 세관원의 유연한 업무 처리와 친절에 감사하는 뜻으로 방문 초청을 했는데, 그는 정중히 거절했다. 한국 초청을 거절한 세관원에게 감사의 선물로 전자 제품을 보냈을 때 그는 상관에게 그 내용을 알리고, 전자 제품을 EU 파견 직원의 공무용으로 쓰게 했다는 통보를 받았다.
> 한국에서 사간 선글라스의 렌즈를 동네 안경점에서 교체하는데, 그 렌즈를 거래처에서 무상으로 지원받았으니 고객에게 돈을 받을 수 없다고 하는 나라가 네덜란드다.
> ─〈중앙SUNDAY〉, 곽성규 주 네덜란드 대사관 공사참사관의 기고문

함부로 용서하지 마라

반면에 휘하의 구성원들이 불법과 범죄를 저지르고, 타락한 문화로 자살과 타살 사건이 연이어 일어나도 당당하게 의자를 움켜쥐고 책임지지 않겠다는 뻔뻔스러움, 부조리, 부도덕이 득세하고 활개 치는 현대사회에서 한국이 행복지수가 낮은 데는 확실한 이유가 있다. 2011년 아카데미상을 받은 영화 〈인어 베러 월드In a better world〉에서 주인공은 미움과 폭력은 결국 자기를 해친다는 믿음으로 인도주의를 실천하려고 하지만, 한계를 모르는 악행에 굴복하고 만다. 그러나 아들과 아들의 친구가 벌인 자동차 폭발 사건으로 아들이 큰 부상을 당하면서 자신의 선에 대한 믿음을 재확인한다.

우리 삶이 무한의 선행과 포용으로 악행을 물리칠 수 있다면 그 길이 진정 우리가 가야 할 길이다. 그러나 악순환을 멈추고 선순환을 이루기 위해서는 선의 희생이 씨앗이 될 수밖에 없으며, 가정과 조직, 국가에서 악행을 지속적으로 방관하는 한 선행이 자리 잡기는 불가능하다. 악행은 선행이 눈에 띌 때, 악행의 대가가 분명할 때 마지못해 선으로 합류한다.

종교 지도자들이 쉽게 용서라는 말을 하지만, 용서는 개선의 기대라는 위험을 안고 있다. 용서 때문에 또 다른 희생자가 생기는 것을 막을 길이 없고, 용서받은 자가 반성하고 참회하지 않고 당당하게 활보하는 모습을 볼 때 그로 인해 인생 파탄을 겪은 사람들은 심적 고통을 해결할 방법이 없다. 그러므로 균형 잡힌 용서가 사회 발전의 동력이다.

"돌아가셨어요."
다국적기업 L사에서 아시아 지역을 총괄하는 N 사장은 전화를 받고 망연자실했다. 연로한 아버지가 골절상으로 입원 치료받다가 폐렴에 걸렸다. 순탄하게 치료되어 곧 퇴원해도 되겠다는 의사의 말을 들었는데, 얼마 뒤 돌아가신 것이다.
N 사장의 아버지는 골절상이 다 나았고, 폐렴 치료도 잘되었다. 아무리 연로하셔도 그렇게 돌아가실 이유가 없었다. N 사장의 아버지는 다른 환자와 함께 2인실에 입원 중이었는데, 어느 날 간병인이 N 사장에게 전화를 걸었다.
"아버님께서 평소와 다른 주사를 맞고 계시는데, 혹 다른 치료도 하시나요?"
그럴 리가. N 사장은 곧바로 병원에 달려갔다. 간호사의 실수였다. 옆 환자가 맞아야 할 독성이 강한 주사를 맞은 것이다.

당신이라면 어떻게 하겠는가. 간호사의 사소한 실수니 용서하고 넘어가자고 결정되면 또 다른 희생자가 생길 수밖에 없다. 의료사고는 드문 일이 아니다. 그 후 병원의 태도는 언급할 가치가 없다. 아픈 사람은 약자고, 병원은 언제나 강자다. 주객이 전도된 것이다. 드러커는 기업의 목적이 고객 창출이라고 했으나, 대형 병원이 주도하는 한국 의료 시장에서 정의란 강자의 손에 있는 것으로 보인다.

물질 만능 시대에 인간의 양심에 의존하는 것은 불가능에 가깝다. 사회 구성원으로서 삶을 유지하기 위한 합의가 있을 뿐이다. 더욱이 양심이란 표준이 존재할 수 없는 징검다리이자, 욕심으로 물이 조금만 불어나도 건널 수 없는 다리다. 그래서 용서하라는 말을 쉽게 해선 안 된다.

관심과 배려

관계란 '만나야 할 사람이 만나는 것'이다. 비즈니스에서 관계란 '가치를 거래하는 것'이다. 거래란 가고 오는 것, 즉 주고받는다는 말이다. 좋은 관계를 바란다면 가슴을 열고 마음의 엑스레이를 보여주자. 마음의 엑스레이는 '관심과 배려'

다. 그 과정에서 자신의 부족함을 알고, 반성과 학습을 통해 얻은 것을 반복하여 습관으로 바꿔야 한다. 습관이 지속되면 성품이 되어 자신의 일부가 된다. 인간은 알면 알수록 모르는 것이 많고, 새로운 면을 더 많이 발견할 수 있다. '열 길 물속은 알아도, 한 길 사람 속은 모른다'는 말도 있지 않은가.

관계는 상대가 있는 것이므로 자신이 상대에게 어떤 가치가 있을 때 유지된다. 일상의 인간관계에서 가치가 없다고 생각하는 상대와 정기적으로 연락을 취하거나 안부를 확인하는가? 행동에는 언제나 동기가 필요하다. 현대인은 해야 할 일이, 하고 싶은 일이, 새로운 일이 많다. 자신에게 무의미하고 무가치하다고 생각되는 사람에게 연락을 취할 시간도, 여유도 없다. 욕망의 주인이 아니라 무한 욕망의 노예가 되어 쫓기면서 산다. 아주 오랜만에 연락을 취한 사람이 있다면 그 사람은 무언가 당신이 필요한 경우가 대부분이고, 그것이 지극히 정상적인 관계의 모습이다.

외국 유명 기업 M사에서 일하는 C 상무는 사장에게 불만이다.
"나는 사장에게 충성을 다합니다. 그런데 사장이 그걸 알아주지 않아요."

그가 사장에게 충성한 것은 자기 이익 때문에 선택한 것이지, 사장이 지시한 것이 아니다. 그렇다고 C 상무가 사장을 개인적으로 좋아해서도 아니다. C 상무의 충성을 인정하느냐 마느냐 하는 문제는 전적으로 그의 상관이며 평가자인 사장의 권리이자 선택이다.

사장이 C 상무의 충성을 그 노력에 맞게 알아주지 않는다고 해서 불만을 토로할 필요도 없고, 혹 알아준다고 해서 기뻐할 필요도 없다. 사장 역시 자기 이익에 바탕을 두기 때문이다. 이익을 추구하는 조직에서 무가치한 사람을 보호해줄 곳은 없고, 그 반대로 가치가 특별한 인재를 배척할 조직도 드물다.

도로에서 자신이 끼어들려고 하는데 정상 주행하던 차의 운전자가 양보해주지 않는다고 그를 비난할 수 있는가? 해바라기가 해를 바라보고 성장하듯이 인간은 이익을 바라보고 사는 '이利 바라기'다. 누군가와 관계가 유지된다는 것은 서로 상대의 가치를 인정한다는 의미다. 그 가치는 돈일 수도 있고, 돈으로 표현되는 이익일 수도 있다. 현대사회에서 절대 가치 수단은 돈이다. "가난이 몰래 집 안으로 들어오면 우정은 서둘러 창문으로 달아난다"고 독일 시인 뮐러가 말했다.

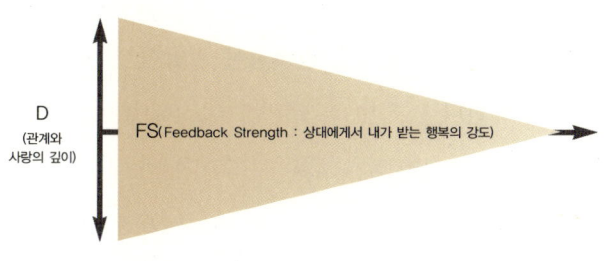

인간관계, 타인에게 주는 행복과 내가 받는 행복의 관계

인생에는 돈 말고도 가치 있는 것들이 많다. 그러므로 누군가와 관계를 지속적으로 유지하고 더욱 발전시키고 싶다면 상대가 가치 있다고 생각하는 것을 자신이 유지하고 발전시켜야 한다. 이익이라는 동기가 생기는 순간, 원수도 동지가 된다. 그러니 다시는 보지 않겠다는 말을 쉽게 하면 뒷날 겸연쩍은 상태로 그를 만난다.

비즈니스 인간관계의 발전과 유지는 감정보다 이익이다. 그러나 사회적 인간관계의 발전은 감정이다. 이익은 받아들이는 사람의 욕망에 따라 한계가 있지만, 감정은 한계가 없다. 감정 계좌는 무한하지만, 이익 계좌는 입금 한도와 출금 한도가 있다. 마르지 않는 감정의 샘을 만들어야 한다.

사랑에 눈이 먼다고 하지 않는가. 사랑은 대상을 과대평가하게 만든다. 스피노자의 《윤리학Ethica》에 보면 "과대평가란 어떤 사람에 대한 사랑으로 말미암아 정당한 것 이상으로 느끼는 것"을 말한다.

동기를 부여하라

인간은 누구나 1인 자기 경영자다. 이것은 선택이 아니라 주어진 운명이다. 드러커는 경영자란 지식의 적용과 성과에 책임을 지는 사람이라고 했다. 20세기까지 경영이 토지, 노동, 자본이라는 3요소를 기반으로 하는 것이었다면, 21세기의 경영은 과업을 수행하는 지식 활동이다. 지식은 홀로 있을 때 아무 생산성도 발휘할 수 없다. 반드시 그 지식을 사용하는 과업이 있어야 한다. 마치 아무런 애플리케이션 없이 존재하는 OS운영체제와 같은 것이지만, 없으면 애플리케이션 소프트웨어가 작동하지 못한다.

경영자로서 개인은 자기 통제력을 발휘할 때 목표를 달성하고 원하는 것을 이룰 수 있다. 자기를 이기는 자가 세상을 이긴다는 것은 자신과 싸우는 것이 인생에서 가장 어렵다는 말이다. 왜 자신과 싸우는 것이 가장 어려울까? 자신을 이겨야 할 동기가 부족하기 때문이다. 동기의 발견과 개발은 자신을 이기고, 지금 해야 할 일을 스스로 하도록 마음을 북돋우며, 성과를 내고야 말겠다는 의욕을 고취한다.

동기 유발 요소 가운데 가장 강력한 것은 책임감이다. 결혼하여 가정의 일원이 되었을 때나 사회적 조직에 합류했을 때, 더욱이 조직에서 완장이라도 채워준다면 책임감은 그에 비례하여 강해진다. 당신이 사랑하는 사람이 있을 때 그를 기쁘게 하는 일이라면 무엇이든 할 수 있다는 마음이 생기도록 하는 동기도 책임감과 욕망이다. 새해 첫날 금연하기로 결심하지만 대부분 며칠 못 가 실패한다. 흡연은 폐암의 원인 중 하나지만, 자신에게 오지 않으면 남의 문제일 뿐이다.

자신과 한 약속을 실행하고 감독하는 것이 일기 수성이다. 여기에서 말하는 일기는 하루의 생활을 기록하는 것은 물론,

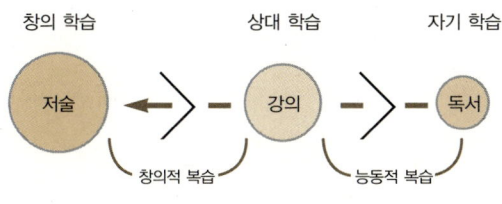

학습의 효과 순서

자유인의 3요소인 경제 관리와 신체 관리, 정신 관리까지 포함한다. 일기는 글쓰기의 기초이자 하루를 정리하는 도구다. 공부하고 배울 수 있는 방법 가운데 가장 효과적인 것이 글쓰기다. 매일 자서전의 저자라는 마음으로 일기를 쓰자. 자기 통제력을 높이는 훈련이 된다.

신뢰하되 검증하라

'신뢰는 불가능한 도전을 가능하게 만드는 힘'이다. 생텍쥐페리는 소설 《어린 왕자》에서 "세상에서 가장 어려운 일은 사람이 사람의 마음을 얻는 일"이라고 했다. 신뢰가 없는 세상을 상상해보라. 어떤 일이 벌어지겠는가? 마치 물리적으로 마찰이 없는 세계와 같다고 할 수 있을 만큼 심리적으로는 대단히 중요한 요소다.

인간이 세상에서 가장 위대한 생명체로 남아 있으면서 진화할 수 있는 것은 인간 사회에 형성된 신뢰 때문이다. 신뢰가 사라진 사회는 생명과 종족 유지에만 관심 있는 동물사회로 변질된다. 그래서 신뢰는 사회를 구성하는 필수 요소이며, 윤리와 도덕, 법으로 신뢰를 뒷받침하는 것이다. 국가나 사회의 성숙도와 발전 동력은 구성원들의 신뢰 수준과 비례한다.

행동경제학 연구에 따르면 사람들은 적발되지 않는다는 조건이 주어진 경우 부정을 저지르는 욕구가 많다고 한다. 특히 돈이 걸린 문제라면 자율 관리가 상당히 힘들다는 말이다. 신뢰란 알 수 없는 것에 대한 믿음의 선불이다. 대다수 사람들이 '당신이 나를 신뢰한다면 나도 당신을 신뢰할 수 있어'라는 자세를 보이는데, 이는 잠재적으로 불신을 초래하는 원인이 된다.

신뢰 관계의 본보기로 아일랜드의 탐험가 어니스트 섀클턴을 칭송한다. 섀클턴은 신뢰를 바탕으로 한 리더십의 표상이다. 다수의 구성원을 이끌 경우 리더십의 근본은 상호 신뢰다. 섀클턴은 언제나 대원들을 최우선으로 생각했고, 그 신뢰가 다들 불가능하다고 여기던 남극 탐험에서 대원들이 모두 살아서 귀국하는 성과로 나타났다. 그가 보여준 신뢰의 증표는 희생과 배려다. 신뢰가 없는 가정이나 조직, 사회에서는 불신 비용을 피할 수 없다. 신뢰는 결국 우리의 1일 경제생활과 밀접한 연관이 있다.

신뢰의 다른 표현이 충성심이며, 그것은 심리적 계약이다. 내 몸의 각 세포에게도 심리적 유대감을 주자. 매일 좋아, 좋아, 고맙다, 고맙다 반복하는 것만으로도 각 세포는 긍정적으로 받아들인다. 우리의 정신과 몸이 분리된 것이라고 주장할 수 있는 근거는 없다. 몸이 정신이고 정신이 몸이다. 몸이 상하면 마음이 고통스럽고, 마음이 고통스러우면 몸도 힘들다. 주종을 나누기 어렵다.

그러나 잊지 말자. 현대사회에서 신뢰에 대한 제어장치가 없다면 돈의 욕망이 개입되는 순간, 신뢰는 연기처럼 사라진다. 드러커는 신뢰란 좋고 싫음이 아니라 서로 이해하는 것이고, 관계에 대해 책임진다는 의무를 동반하는 것이라고 했다.

❸ 우리가 만들 수 있는 행복 사회

당신은 행복한가

행복이란 무엇인가? 몸과 마음이 편안하고 '원하는 시간에 하고 싶은 일을 할 수 있는 상태'라면 행복하다고 말할 수 있을 것이다. 이 정의가 모든 사람에게 적용될 수 있는가? 언제, 어떻게, 무엇을 하고 어떤 상태일 때 행복을 느끼는지 발견해야 그 일 혹은 그런 상태를 선택함으로써 행복을 느낄 수 있다.

행복과 돈이 정비례 관계는 아니나, 돈이 행복에 미치는 영향은 막대하다. 굶주린 사람에게는 당장 먹을 것 외에 행복한 웃음을 가져다줄 수 있는 게 없다. 굶어 죽을 상태가 아니라면 인간은 빵만으로 행복할 수 없다. 최빈국 방글라데시의 행복지수가 한국의 행복지수보다 높다는 조사가 있지만, 한국인이 방글라데시에 가서 그들처럼 가난한 행복을 받아들이며 살고 싶지는 않을 것이다. 행복은 발견이고 각자의 생각이며 선택이다.

행복에는 주는 행복과 받는 행복이 있다. 배려하고 베풀면서 얻는 행복이 더 크고 오래간다. 시간을 쪼개어 보수 없이 봉사하는 사람들은 그 행위를 통해 행복을 느낀다. 행복이 반드시 부를 통해서 얻을 수 있는 것은 아니다. 그러나 이제는 돈이 목숨과 동의어가 되었다는 것도 인정해야 한다.

부모들은 아이가 행복하다면 성장해서 무슨 일을 해도 상관없다고 말한다. 그러나 이것이 자기 아이의 이야기라면 진심이 아니다. 열심히 교육에 투자하고 뒷바라지해 자녀가 의사나 판검사, 변호사가 되었다고 하자. 돈을 많이 벌기 위해서는 하루에도 몇 번씩 양심과 충돌하는 것이 의료 기술자요, 법률 기술자다. 그것을 버티기 힘들고 가치관과도 맞지 않아 제빵 기술자가 되겠다고 사표를 던지는 자녀에게 잘 선택했다고 기뻐할 부모는 드물 것이다. 아리스토텔레스는 인간의 궁극적 목표가 행복을 추구하는 것이라고 했지만, 우리가 실제로 바라는 삶은 행복한 순간에 있지 불확실한 미래의 행복에 있지 않다.

인간은 누구나 인간다운 품위와 인격을 유지하며 살고 싶어 한다. 그러나 현실은 돈이 없는 사람에게 이런 행복을 제공하지 못한다. 물론 먹고살 만큼 돈이 있어도 남의 종 자리를 유지하겠다고 앞다투어 몸부림치는 사람들이 많다. 그것은 그들의 가치관이자 선택이다. 정상적인 사고를 하는 자유인이라면 경제적 자립을 하고도 타인의 종 자리를 즐거워하기 어렵다.

적정기술Appropriate Technology은 《작은 것이 아름답다》를 쓴 경제학자 에른스트 슈마허가 1966년 창안한 개념으로, 개발도상국의 소외된 사람들에게 필요한 소규모 기술이라는 뜻으로 쓰인다. 덴마크 기업가 미켈 베스터가르트 프란젠이 만든 '라이프 스트로'는 아프리카 저개발국 사람들에게 희망을 주었다. 프란젠은 미생물과 기생충 99.9퍼센트, 박테리아 98.2퍼센트를 걸러내는 휴대용 정수기를 개발하여 그들에게 제공했다. 월드와이드웹을 발명한 팀 버너스리가 특허를 신청하지 않고 공공 영역으로 개방한 것이 오늘날 인터넷 세상의 원동력이 되었다. 이런 것들이 자유인의 마음에서 나오는 진정한 의미의 기부다.

마음의 업그레이드

매일 얼굴과 몸을 씻는 것처럼 마음을 씻을 수는 없을까? 마음을 씻는 것이 반성이다. 매일 5분이라도 마음을 씻자. 몸은 하드웨어요, 마음은 소프트웨어다. 몸이 아무리 편해도 마음이 아프면 스스로 목숨을 끊는다. 우리가 사용하는 전자 제품은 신기술이 적용될 때마다 소프트웨어를 업그레이드한다. 그러나 인간의 마음은 일상에서 업그레이드되지 않는다.

매일 300만 개에 이르는 세포가 소멸되고 생성되기 때문에 지금의 나는 어제의 내가 아니며, 내일은 또 다른 내가 된다. 로마 군단의 개선장군 뒤를 따르는 깃발에는 '카르페 디엠 Carpe Diem'이라는 문구가 있다. 이 말의 참뜻은 '내일이 오지 않을지 모르니 오늘 인생을 즐겨라'가 아니라, '오늘은 다시 올 수 없는 시간이니 오늘 할 일을 미루지 말고 최선을 다하라'는 것이다.

'빈민 아이들의 아버지'라 불리는 토머스 바나도 박사는 방치된 아이들을 위해 1870년 영국에서 보육원을 열었다. 어느 날 열한 살짜리 아이가 찾아왔지만 받아들일 공간이 없어 돌려보냈다. 그런데 다음 날 아침 그 아이가 죽은 채로 발견됐다. 바나도 박사는 보육원 입구에 '어떤 극빈 아동도 입소가 거부되지 않습니다'라는 팻말을 붙였고, 지금까지 지켜지고 있다.

오늘이 아니라 내일을 부르는 사람들에게 보내는 필립 라킨의 시를 읽어보자.

그다음에 Next Please

항상 미래를 너무나 열망하여
기대라는 나쁜 습관이 들었다오.
무엇인가 항상 다가오네,
날마다 우리는 말하지요
그날이 오면

―줄리언 바지니, 《빅 퀘스천》

후회의 최소화

〈가디언〉지는 《죽을 때 가장 후회하는 5가지》라는 책을 소개했다. 이 책은 말기 환자들을 돌본 간호사 브로니 웨어가 블로 그에 올린 글을 모아 펴낸 것이다. 그 다섯 가지는 '내 뜻대로 살걸, 일 좀 덜할걸, 화 좀 더 낼걸, 친구들 챙길걸, 도전하며 살걸'이다.

브로니 웨어는 수년간 말기 환자 병동에서 일하며 환자들이 생의 마지막 순간에 보여준 통찰을 꼼꼼히 기록했다. 그가 지켜본 사람들은 저마다 다르게 살았지만 후회하는 것은 거의 비슷했다는데, 가장 큰 회한은 '다른 사람들의 기대에 맞추지 말고 자신에게 진실하게 살 용기가 있었다면'이라고 한다. 사람들은 삶의 종착역에 가서야 얼마나 많은 꿈을 시도해보지 못했는가 후회한다(〈한겨레〉, 전정윤 기자의 보도).

우리가 자유인을 지향하는 것은 인생의 마지막 출구에 섰을 때 후회를 최소화하기 위함이다. 미국의 백만장자 성공학 강사로 유명한 브라이언 트레이시는 성공하지 못하는 사람은 대부분 'someday'를 사용한다고 했다. 이 말은 하지 않겠다는 말과 같다. '언젠가'는 오지 않는 날이다.

불행이 예고 없이 찾아오는 것처럼, 기회도 사전에 통지하는 법이 없다. 이것은 타이밍의 문제일 뿐, 자신이 포기했거나 기대하는 것과도 관련이 없다. 불행을 피하는 방법은 그 타이밍에 그 장소에서 벗어나는 것이고, 기회는 그 타이밍에 그 장소에 있어야 하는 것이다. 노력이 필요한 지점이 여기다. 누구에게나 자기만의 길이 있다. 현재 무엇을 하든 열심히 하면 행운의 타이밍이 나와 마주친다. 두 번째 선택은 기회가 왔음을 알아차리는 것이다.

과거 탈출과 현실 인식

우리는 과거에서 벗어나지 못할 때 고통과 괴로움에 시달린다. 바꿀 수 없는 과거에서 얻을 것은 세상의 이치다. 어제보다 나은 오늘, 오늘보다 나은 내일을 만들 수 있는 것은 과거에 미련을 두는 것이 아니라 과거에서 이치를 배우는 것이다. 정토회를 이끄는 법륜스님은 "욕심과 성급함으로 열 번을 해야 이룰 수 있는 것을 두세 번 만에 이루려고 하기에 실패하고, 그것으로 근심 걱정을 만들어낸다"고 했다.

실패에서 이치를 배울 수 있고, 노력을 통해 바라는 것을 얻을 수 있다. 그래서 실패도 가치 있는 것이다. 이런 지혜로운 반복의 노력이 없다면 실패는 계속된다. 지금 가진 것이 얼마나 소중한지 깨닫는 순간, 과거에 매인 후회보다 내일을 향한 도전으로 마음을 전환할 수 있다.

나는 한 외국계 기업의 한국 법인 사장으로 일하다가 회사가 매각된 후 퇴사하여 다른 외국계 회사 전무로 전직했으나 10개월 만에 사직하고 말았다. 드러커가 지적한 것처럼 자신이 어떤 환경에서 열정적으로 일할 수 있는지 충분히 인식하지 못한 데 근본 원인이 있는 선택의 과오다.

지나간 영광보다 지금의 나를 제대로 볼 수 있어야 한다. 그것이 자유인의 길이고, 자유인은 과거에 매인 사람이 아니다. 자식이 부모에게 받은 사랑을 부모에게 돌려주지 못하는 것은 과거에 일어난 일이고, 그 자식이 가정을 이루고 새로이 가진 자식들에게 주는 사랑은 미래의 일이기 때문이다. 그러므로 과거에서 탈출하여 현실을 인식하는 노력은 결국 생존을 위한 본능이다.

사회에 대한 질문 3가지

1. 사회의 구성원으로 공익에 가장 많이 기여할 수 있는 방법은 무엇이라고 생각하는가?

___

2. 당신의 눈앞에 30억이라는 이익의 기회가 있다. 그러나 당신이 이것을 선택하면 친구와 동료, 가족의 마음에 큰 상처를 주는 것은 물론이요, 사회적 신뢰도 온전할 수 없다. 당신은 어느 것을 선택하겠는가?

___

3. 당신은 평범한 사람이다. 오늘 하루 당신에게 전화를 거는 사람 가운데 당신에게 무언가 도움이 되고 싶어 연락했다고 말하는 사람은 몇이나 되는가?

___

실천 Tip 목표 설정의 원칙

목표는 성취하기 어려울 정도로 크게 잡아야 성취 동기가 강해진다. 그러나 동시에 가능한 것이어야 한다. 불가능한 것을 지향한다거나 전제로 삼는 것은 무모한 일이다. 현실적이지 못한 것을 목표로 삼으면 목표에 대한 의심 때문에 쉽사리 포기하게 마련이다.

실천 세부 항목은 목표를 달성하는 습관을 들일 수 있도록 잘게 나누는 것이 좋다. 큰 목표도 세분화하면 이루기 쉽다. 목표 설정에 필요한 여섯 가지를 참고하기 바란다.

첫째, 자신의 목표를 대상으로 한다.
둘째, 글로 쓰거나 그림으로 표현한다.
셋째, 실제적이며 달성 가능해야 한다.
넷째, 구체적이며 측정 가능해야 한다.
다섯째, 기한이 정해져야 한다.
여섯째, 목표 간 상호 모순이 없어야 한다.

Note
_____
_____
_____
_____

Step 4

문제와 문제 해결
그리고 리스크

1

문제란 무엇인가

문제의 의미

사람들은 해마다 1월 1일이 되면 새로운 목표를 세우고 각오를 다지며 이번에는 기필코 습관을 바꾸겠다고 결심한다. 목표 리스트는 운동, 금연, 금주, 저축, 외국어 공부, 체중 감량, 입학, 취업, 자격증 따기, 여행, 봉사 등으로 채워진다. 모든

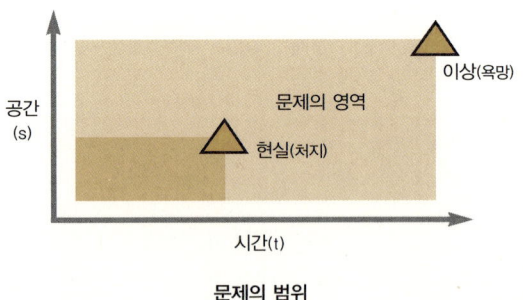

문제의 범위

사람들이 연초에 정한 혁신의 목표를 1년 동안 지속할 수 있다면 이 세상은 한결 행복해질 것이다. 우리의 문제는 대부분 새해 목표를 시작하고 한 달이 가기 전에 포기하고 폐기하는 데 있다.

문제란 공간과 시간의 영역에서 '내가 처한 오늘의 현실이나 처지와 내가 추구하는 이상이나 욕망의 차이'를 말한다.

문제를 어떻게 볼 것인가

문제의 크기는 욕망의 크기와 같다. 따라서 문제를 해결하는데는 두 가지 방법이 있다. 욕망의 크기를 줄이는 것(이상을 수정하는 것)과 현실을 개선하는 것이다. 지구상에서 일방통행하는 것은 시간밖에 없다. 우리가 사는 세상에는 도로에 일방통행을 정해놓고 있으나, 그것도 인정하는 사람에게 해당되지 무시하는 사람에게는 무의미하다. 그러나 시간은 절대 그럴 수 있는 대상이 아니다. 시간은 어떤 상대와도 타협하지 않고 독존의 길을 가기 때문이다.

결국 시간의 바다에 있는 일엽편주 같은 것이 우리 인생이다. 그 누가 인생에 자신 있다고 큰소리칠 수 있겠는가? 모두 영원히 살 것처럼 하루하루 사는데, 어찌 시간을 이기겠는가? 시간을 이기는 유일한 방법은 인간은 하루살이고, 나 역시 이 자연법칙에서 벗어날 수 없다는 마음과 자세로 하루살이의 주인이 되는 것이다. 마치 죽음을 두려워하지 않는 대장부의 당당함 앞에 오히려 죽이려는 적군이 두려워할 수밖에 없는 상황이 된다.

덩치가 우람하고 주먹질 잘하는 싸움꾼에게는 목숨을 내놓고 덤비는 사람이 가장 두려운 법이다. 넘어지고 몸이 망가져도 일어나 다가오는 상대를 이길 방법은 극히 제한적이다. 기절시키고 도망가거나 죽이지 않고는 그 상황에서 벗어날 방법이 없다. 극한 상황이 아니면 사람이 다른 사람을 죽이는 것이 쉬운 일이 아니다.

우리가 하는 모든 행위는 더 잘 먹고 잘 살기 위해서다. 잘 먹고 잘 살겠다는 욕구가 없는 사람에게 문제가 있을 수 없다. 많은 사람이 견딜 수 없는 정신적·육체적·경제적 고통, 즉 문제 때문에 자살을 선택한다. 2009년 노무현 대통령과 2010년 행복 전도사 최윤희는 자살함으로써 현실과 이상의 간격을 0으로 만들어 자신의 문제를 제거했다.

그들의 의사 결정과 행동이 좋다 나쁘다고 말하는 것이 아니다. 그들이 자신을 사랑하지 않는 사람이라고 말하기 어렵다는 얘기다. 우리는 자살하는 사람을 쉽사리 나무랄 수 없다. 당사자가 아니면 그 문제의 고통을 동일하게 느낄 수 없고, 고통을 느끼는 정도는 사람마다 다르기 때문이다. 고통에 평균이나 표준은 없다. 그 처지가 되어보지도 않고 평가하거나 비판하는 것은 오만이다. 그냥 입을 다물자. 오줌이 마려운데 타인이 대신 오줌을 눈다고 내가 시원할 방법은 없다.

❷

문제 해결 방법 4가지

문제의 분해

사칙연산으로 표현하는 문제 해결의 기본 원리를 보자. 문제는 되도록 감정적으로 해결하지 않는 인내심이 필요하다.

먼저 문제의 분해(/), 즉 쪼개기 혹은 나누기다. 인간이 인식하는 세상의 모든 정보는 아날로그다. 우리가 보고 만지고 느낄 수 있는 것은 모두 아날로그 정보다. 문제 역시 아날로그다. 이것을 디지털로 쪼개어 미분하면 아날로그 세계에서 볼 수 없던 것들을 쉽게 볼 수 있다. 이제 미분한 조각 문제를 하나씩 해결하면 된다.

해결한 조각 문제를 적분하고 아날로그로 환원하면 본래 우리가 만든 문제의 크기로 나타나고, 동시에 해결된 상태로 환원된다. 그러니 문제의 크기를 두려워할 필요는 없다. 아이러니지만 문제는 클수록 해결하겠다는 의지가 강해진다. 문제가 너무 작으면 오히려 문제로 인식하지 않고 무시하여 대재앙으로 발전한다. 이 경우 해결할 생각도 하지 않는다. 그러니 문제를 쪼개더라도 문제라고 인식할 수 있는 정도까지 나누는 것이 필요하다.

2011년 8월 서울 서초동에서 발생한 산사태가 작은 문제를 무시하고 방치하여 결국 사람의 목숨을 잃게 만드는 재앙으로 모습을 드러낸 경우다. 자신이 직접 사람을 죽이지 않았다고 살인자가 되지 않는 것은 아니다. 법으로는 처벌할 수 없을지 모르지만 능력과 책임, 권한이 있는데도 그 상황을 무시하고 방치해서 일어난 사건이라면 간접 살인이다.

아무리 큰 문제도 쪼개보면 능히 해결할 수 있는 목표로 바뀐다. 예를 들어 나는 현재 과체중이고, 체중을 줄여 보기 좋은 몸매를 만들고 싶다. 현재 몸무게 70킬로그램에서 50킬로그램으로 감량하려고 하는데, 한 달 만에 20킬로그램을 줄이면 심각한 부작용을 감수해야 한다. 그러나 시간과 공간을 분리하는 실용 트리즈TRIZ 사고를 적용하면 10개월을 목표 달성 기한으로 잡을 경우 월 2킬로그램 감량이면 족하다. 목표가 한 달에 2킬로그램 감량으로 바뀐 것이다. 이제 감당 못 할 목표도 아니므로 충분히 할 수 있다는 자신감이 생긴다. 큰 문제도 결국 작은 부분 문제의 합이다.

문제는 어느 날 갑자기 생긴 것이 아니라 사소해 보이는 작은 문제들이 모여서 임계질량이 넘었을 경우 폭발하고, 우리 눈에 뚜렷하게 드러난다. 잘게 나눠보면 해결할 수 있는 범위로 좁아지고, 실타래처럼 풀 수 있다. 어마어마한 기중기를 움직이는 힘도 작은 엔진의 시동에서 시작되며, 엔진도 내부를 들여다보면 작은 부품들의 연합에서 마력이 나온다.

문제의 결합

문제의 결합(+) 혹은 더하기다. 한 가지 문제가 해결하기 어려워 보일 때, 다른 문제와 합해서 생각해보는 것이다.

농촌에 노동인구가 절대 부족하고, 이웃한 다른 도시에는 노동인구가 넘쳐나 실업자가 많다. 농촌과 도시는 고립된 섬이고, 연결되어 있지 않다. 이때 농촌과 도시 사이에 다리를 건설하여 왕래 문제를 해결하면 두 지역의 문제가 동시에 해결된다.

문제의 제거

문제의 제거(−) 혹은 빼기다. 얼핏 보기에는 한 가지 문제지만, 해결하기 위해 자세히 들여다보고 곰곰이 생각해보면 여러 가지 문제가 복합된 것이고 때로는 문제라고 할 수 없는 요소가 포함되어 있다. 이 경우 무시할 수 있는 문제를 대상에서 제거하거나, 문제가 아니라고 생각할 수 있는 문제를 빼버리면 간단해진다. 복잡해 보이고 대단히 큰 문제라고 생각되는 것도 한 개씩 제거하면 가벼워진다.

눈사람이 태양열에 녹아 사라지듯이 때로는 시간의 도움을 받아 문제를 방치함으로써 해결할 수 있다. 문제의 제거에는 물리적 작업은 물론 아무것도 하지 않는 것도 속한다. 그러나 그 속에는 모든 문제의 시간 요소가 사라짐으로써 해결되는 것이다.

문제의 확대

문제의 확대(×) 혹은 곱하기다. 분명히 문제인데 딱히 문제라고 인식하지 못하는 것이다. 예를 들어 몸이 아픈데, 어디가 아프다고 말할 수는 없다. 진찰을 받아도 의학적 소견으로는 병인을 찾을 수 없다고 한다. 이 경우 전문의들의 1차 진단용 처방은 엑스레이와 초음파, 혈액검사다. 알 수 없거나 인지할 수 없는 문제를 확대해서 보는 방법이다. 엑스레이 다음에는 CT, MRI, PET가 기다리고 있다. 과학기술이 발달함에 따라 그동안 인간의 눈으로 보지 못하던 부분을 자세히 볼 수 있는 세계로 안내한다.

가정에서 문제 확대하기의 예를 들어보자. 사춘기에 접어든 아이가 부쩍 말수가 줄고 고민이 많아 보인다. 무언가 문제가 있는 모양인데 통 알 수가 없다. 어찌해야 하는가? 이때 문제 확대하기를 적용해보자. 아이가 부모의 경험을 공유하여 배울 수 있도록 부모의 사춘기 경험을 공유한다. 사고 시간과 공간의 확대다. 대화하는 가운데 아이는 자연스럽게 자신의 문제를 노출한다. 확대하면 보이지 않던 것이 잘 보인다. 확대의 공간적 해석은 감추지 않고 공개하는 것이다. 문제는 숨기려고 할수록 해결과 멀어진다.

문제가 생겼을 때 스스로 해결책을 찾으려고 노력하는 것이 최선이다. 나를 잘 모르는 타인이 내 문제를 해결하는 데는 한계가 있다. 그러나 자력으로 힘들다고 판단되면 차선책으로 타인의 도움을 구하는 것이 적극적 긍정 사고다. 끝까지 혼자 힘으로 해결하겠다고 시도하는 것은 자립에 도움이 되겠지만, 해결할 타이밍을 놓칠 수 있다.

일본에서 경영의 신이라 불리는 마쓰시타 고노스케松下幸之助는 "넘어졌을 때 원인을 깨닫지 못하면 일곱 번 넘어져도 마찬가지며, 한 번만으로 원인을 깨달을 수 있는 사람이 되어야 한다"고 했다. 실패보다 진지하지 못한 태도를 두려워해야 한다는 것이 그의 생각이다.

문제가 해결되어 이상과 현실의 경계와 차이가 사라진 상태

❸
리스크

인간 생활은 잠재적 위험과 기회에 대한 선택의 문제다. 경영에서 리스크risk가 무엇인지 묻는다면 세 가지가 대상이라고 말할 수 있고, 이는 기업 경영이나 자기 경영이나 동일하다.

  첫째, 돈의 손실 가능성이다. 의사 결정을 한다는 것은 자원을 얼마나 투자할까 하는 문제다. 인간 생활에서 가장 중요한 자원은 이제 돈이 되었다. 둘째, 신체적 부상 혹은 목숨을 잃을 가능성이다. 그런데 몸이 다칠 가능성은 자신의 직접 행동 외에 타인의 과실로 일어날 수 있다. 자신이 관리할 수 있는 것은 위험한 환경에 위치하지 않는 것이다. 셋째, 정신적 손실 가능성이다. 인간관계의 손상에 따른 마음의 상처와 성과 달성의 실패에 따른 좌절이다. 드러커는 경영에서 위험을 회피할 방법은 없으며, 위험 감수는 혁신의 필수 조건이라 했다.

문제 해결에 대한 질문 3가지

1. 문제란 이상과 현실의 차이다. 당신은 회의에 참석하기 위해 당장 제주도에 가야 한다. 그런데 태풍으로 항공과 선박 모두 운항이 중지되었다. 당신에게 닥친 진짜 문제는 무엇이며, 이 문제를 어떻게 해결하겠는가?

---

2. 당신이나 가족 가운데 이달에 반드시 결혼해야 하는 사람이 있다. 그러나 동시에 어떤 사정으로 결혼해서는 안 되는 모순된 상황에 처했다. 어떤 해결책이 있겠는가?

---

3. 어려움에 처한 친구가 1억 원을 빌려달라고 한다. 당신도 어려울 때 그 친구의 도움을 받았고, 그만한 돈을 빌려줄 경제적 여유는 된다. 빌려주지 않으면 그 친구는 마음이 상해서 절교를 선언할 것으로 보인다. 당신은 어떻게 해야 하는가?

실용 트리즈의 쉬운 사용법

실용 트리즈는 창의적 문제 해결 도구로, 2007년 김호종 박사가 러시아 알트 슐러의 트리즈를 한국형으로 개량하여 만든 것이다. 실용 트리즈의 기본 원리는 모순 해결이며, 문제를 다르게 이해하여 모순을 해결하는 것이다.

실용 트리즈 1단계는 경계 영역의 도식화다. 이는 문제를 재정의하고 진짜 문제를 찾아내는 것으로, 문제가 일어나는 부분을 그려보는 방법이다. 문제가 포함된 상황 전체가 아닌 문제 부분에 초점을 맞추는 것이다. 이해를 돕기 위해 비행기 바퀴를 예로 들어보자. 경계 영역의 도식화는 비행기의 아랫부분, 지금 바퀴가 있는 부분만 그려야 한다.

이제 2단계인 모순 도출이다. 그림의 여객기가 이착륙하려면 활주로를 달려야 하기 때문에 왼쪽의 사진처럼 바퀴가 있어야 한다. 그러나 비행할 때는 속도와 안전, 효율을 위해 바퀴가 없어야 한다. 모순을 정의하면 비행기의 바퀴는 있어야 하고, 없어야 한다.

비행기 바퀴에 적용된 모순 해결

3단계는 모순 분석이다. 먼저 시간 분리를 적용하면 비행기는 하늘을 나는 동안 바퀴가 없어야 하고, 이착륙할 때는 바퀴가 있어야 한다.

다음은 공간 분리를 적용하자. 비행기는 바퀴가 장착되어야 하고, 장착되지 않아야 한다. 이 모순 분리에서 비행기 바퀴는 비행기 내부에 두되, 이착륙할 때 꺼내고 비행할 때는 안으로 접어 감춘다는 해법이 나온다. 실용 트리즈 3단계 기법은 문제를 단순화하고 기술 모순을 물리 모순으로 해석하여 해결하는 창의적 문제 해결 방법이다.

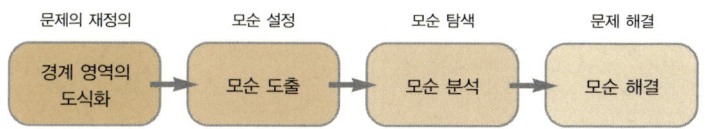

창의적 문제 해결 실용 트리즈

애플 노트북 전원 연결 어댑터는 모순 해결의 재미있는 보기다. 노트북 전원 코드에 걸려 노트북을 망가뜨리는 일을 방지하려면 전원 코드는 연결되어야 하고 연결되지 않아야 한다는 모순을 자석형 전원 연결 어댑터로 해결한 것이다. 애플 노트북의 전원 코드는 툭 건드리면 떨어진다.

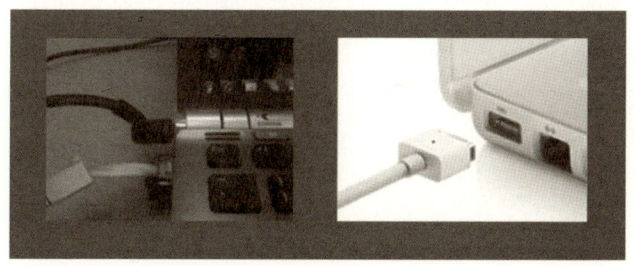

문제를 다르게 보고 모순을 해결한 보기

Step 5

자유인의 목표

❶
행복이란 무엇인가

행복의 정의

행복을 정의하는 것은 이름 붙일 수 없는 것에 이름을 붙여보려는 것과 같다. 행복은 기준이나 모범, 표준이 따로 있는 것이 아니라 각자의 생각이요, 느낌이다. 행복이 떠오를 때는 자신이 불행하다고 느끼는 때일 것이다.

우리는 아침에 일어나서 나는 행복한가 하고 자문하지 않는다. 매일 아침 '안녕하세요'라고 인사하며 살아 있는 것 자체가 행복인 줄 모르고 자연스럽게 인식하는 것이다. 오랜 세월 동고동락하던 부부 가운데 한 사람이 먼저 가고, 어느 날 아침 '잘 잤어요?'라고 인사할 상대가 없다는 것을 안 순간 자신이 불행하다고 느낄 수 있다. 배고플 때 배불리 먹을 수 있고, 자고 싶을 때 두 다리 쭉 뻗고 잘 수 있는 것이 행복이다.

에이브러햄 링컨 대통령은 "사람이 얼마나 행복해질지는 자기의 결심에 달렸다"고 말했다. 캘리포니아주립대학 심리학과 소냐 류보머스키 교수는 실험을 통해 '행복은 환경, 운, 머리가 아니라 상황을 바라보는 시각이 결정한다'는 것을 알아냈다. 즉 행복은 타인이 주는 것이 아니라 자신의 선택적 인식이다.

우리는 언제 행복한가? 인간이 다른 동물과 같다면 아픈 데 없고, 배가 부르면 행복해야 한다. 그런데 인간은 고도의 지능이 있고 생각하는 생명체라, 빵과 건강으로 만족하지 못한다. 다른 생명체와 인간의 가장 두드러진 차이는 비교 욕구 때문에 행복과 자주 결별한다는 것이다. 자신의 행복을 스스로 선택하고 받아들이기보다 타인의 행복과 비교하여 수준을 정한다. 타인과 비교하지 않고 자신의 가치관을 추구하면 행복을 만끽할 수 있다.

"사회적 소수자를 위한 모든 일이 저희의 관심사입니다."
비영리 공익 변호사 그룹 '공감'에서 일하는 P 변호사가 한 말이다. 대형 로펌과 비교하여 수입은 4분의 1에 불과하나, 인생에서 경제적 풍요가 그렇게 중요하지 않다고 믿는 사람들이 다른 시각으로 행복을 누리고 있다. 철저히 기부금으로 운영되는 비영리 조직이며, 적자재정이지만 이들의 얼굴에는 행복한 미소와 삶의 가치에 대한 올바른 선택이라는 확신이 드러난다. 이들은 직장을 구하지 못하는 사시 합격자들이 아니고 검사로 혹은 대형 로펌에서 변호사로 근무하던 사람들이다.

지구에 존재하는 전체 재화는 한정되어 있다. 자연 자원의 기본인 물, 공기, 햇빛은 그 양이 언제나 일정하다. 햇빛은 유일하게 지구 밖 태양에서 8분 10초의 여행을 통해 우리에게 오지만, 하루 24시간 동안 무상으로 주는 햇빛의 양은 일정하다. 문제는 유한한 자원을 어떻게 나누어 갖느냐 하는 것인데, 돈은 우리에게 만족을 줄 뿐이다. 행복은 돈보다 마음이 좌우한다. 나의 사랑하는 마음을 돈과 함께 다른 이에게 줄 수 있다.

결혼이 행복을 주는가? 그렇다면 왜 이혼하는가? 결혼은 일종의 관습일 뿐, 행복과 직접 연관이 없다. 사랑하는 사람에게 다이아몬드 반지를 주며 사랑을 고백할 수 있지만, 돈으로 진실한 사랑을 살 수는 없다. 그런데 지금은 돈으로 살 수 있는 것이 점점 많아지고 있다. 돈은 우리에게 반드시 필요한 인간 발명품의 최상위를 차지한다. 돈이 우리가 일하는 목적의 일부가 아니라고 확신하는 사람은 매달 급여를 받지 않고 일할 수 있어야 한다. 그런 사회적 봉사 일터는 많다.

인간에게 돈은 일정 범위를 넘어서면 행복의 증가와 무관하다는 연구 결과가 있다. 자신이 통제할 수 있는 행복을 주는 소유의 범위를 넘어선 돈은 오히려 불행의 씨앗이 될 가능성이 높다. 인생의 주인이 자신이 아니라 돈이 될 수 있기 때문이다. 자유인이 아니라 돈의 노예가 되는 순간이다. 인생의 목적은 미래에 있지 않다. 현재에 발을 딛고 오늘 최선을 다해야, 자신에게 내일이라는 미래가 올 수 없다는 것을 알았을 때라도 당황하지 않는다.

행복의 주소

우리가 행복을 느끼는 것은 언제인가? 이 질문의 답이 우리가 찾는 행복의 주소다. 주소를 알면 찾지 못할 이유가 없다. 사람들의 가치관에는 가족이 제일 윗자리에 놓인다. 가족이 행복할 수 있다면 기꺼이 희생하고, 그것을 통해 행복을 느끼는 것이 보통 사람이다.

지속성과 관계없이 사람들은 언제 행복을 느낄까? 첫째, 자신이 좋아하는 사람을 행복하게 해줄 수 있을 때나 자신이 좋아하는 사람과 관계가 더욱 좋아질 때 행복을 느낀다. 자신이 만든 음식을 자식이 맛있게 먹는 것을 보는 부모는 행복을 느끼고, 자식이 고생하신 부모님에게 감사의 뜻으로 여행을 보내드리는 것이 여기에 속한다.

둘째, 칭찬이나 인정을 받을 때 행복을 느낀다. 학생이 시험을 잘 봤을 때, 직장인이 승진하거나 상을 받을 때, 사회적으로 고위직에 오를 때 행복을 느끼는 것이 여기에 속한다.

셋째, 선의로 타인에게 도움이나 재화를 줄 수 있을 때나 그 반대일 때 행복을 느낀다. 학생이 모르는 문제를 가져와서 질문할 때 그 문제를 명확하게 가르쳐주는 선생님이 느끼는 것이 행복이고, 길을 묻는 사람에게 제대로 알려주었을 때 작지만 행복을 느낀다.

인간이 기쁘다고 느끼는 것은 행복이다. 그렇다면 슬프다는 것은 행복하지 못한 상태인데, 일상에서 '사랑하는 사람에게 해주고 싶은 것을 해주지 못할 때'가 가장 슬프다. 사랑하는 사람을 만나지 못하는 상태에 있는 것도 슬픈 일이다. 사랑하는 사람이 죽어서 영원히 만날 수 없는 상황이라면 그보다 큰 슬픔이 없을 것이다. 그러나 죽음은 우리가 인정할 수밖에 없

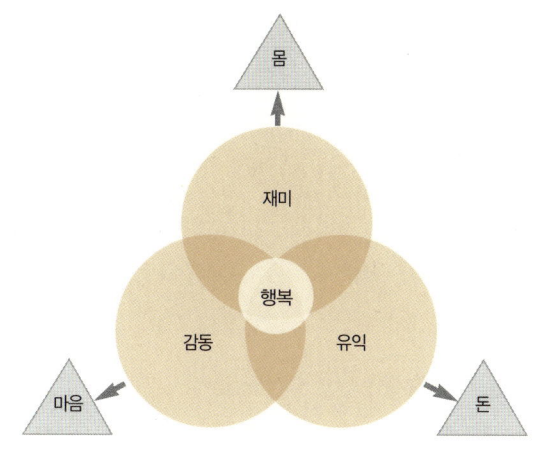

행복한 자유인 인생 구성 요소

인생의 낙오자가 되는 것이 현대인의 무한 경쟁 사회 시스템이다. 자유인이 되려는 것은 하루하루 삶이 재미와 감동, 유익으로 충만하기를 바라기 때문이다. 재미는 육체적 자유, 감동은 정신적 자유, 유익은 경제적 자유의 다리와 연결된다. 이 세 가지를 한계 극대화하려는 것이 인간 생활의 전략 계획이며, 자유인이 바라는 결과다.

❷

행복한 자유인의 자기 관리 9가지

자기 관리 효과 3가지

① 자면自免 효과

스스로 용서하라는 것이다. 실수하지 않는 사람은 없다. 알면서 하는 실수는 근본적인 원인을 찾아보고 평가해야겠지만, 모르고 한 실수는 따지지 말고 용서해야 한다. 타인이 용서하는 것과 관계없이 자신을 용서해야 한다. 자기를 가장 아끼고 사랑할 수 있는 사람은 자기 자신이다. 자신에게는 엄격하고 타인에게는 관대하라는 말은 경우에 따라 역으로 해석하는 유연함이 필요하다.

세계의 여성 리더 가운데 한 명으로 인정받는 방송인이자 사업가 오프라 윈프리는 '실수를 통해 얻은 교훈으로 자신을 용서하고 앞으로 나아갔다'. 오프라 윈프리는 가난한 미혼모의 딸로 태어나, 아홉 살에 사촌에게 성폭행 당하고 열네 살에 출산했으며, 그 아기가 곧 사망하는 불행을 겪었으나 자신을 용서하는 것으로 다시 일어섰다.

② 자찬自讚 효과

스스로 칭찬하라는 것이다. 자신이 사랑하지 않는데 누가 당신을 사랑할 수 있는가? 먼지는 먼지끼리 뭉치듯이 플러스 에너지는 플러스를 부른다. 작은 일에도 아낌없이 자신을 칭찬하라. 칭찬은 고래도 춤추게 한다는 말이 있듯이, 모든 사람은 칭찬 받을 때 행복을 느낀다. 자기 스스로 60조 개 세포를 격려하고 칭찬하여 살맛 나게 해야 한다.

③ 자성自省 효과

스스로 돌아보고 반성하라는 것이다. 자기보다 자신을 잘 아는 사람은 없다. 자신을 모르는 이유는 자기를 돌아보지 않기 때문이다. 우리의 눈은 언제나 밖으로 향해 있지 내면을 들여다보지 않는다. 자신이 자기를 보는 것은 거울을 볼 때와 타인에게 평가받을 때다. 날마다 세수하듯 하루에 한 번 이상 자신을 돌아보라. 마음도 날마다 닦아야 한다.

자기 관리 금기 3가지

① 자기 사기를 금하라

자신을 속이지 말라는 것이다. 옛사람은 혼자 있을 때 삼가는 사람이야말로 선비고, 그런 행동을 신독愼獨이라고 했다. 타인의 눈과 기계의 눈(CCTV)이 그물처럼 촘촘한 바깥에서는 자신을 속이기 어렵다. 하지만 아무도 보지 않는 공간에 혼자 있을 때 양심은 재빨리 숨는다. 그렇다고 양심이 진짜 숨지 않는다는 것을 알면서도 욕망에 굴복하여 빈번히 자신을 속인다.

마음의 CCTV가 양심이다. 화장실에서 볼일을 보고 손을 씻는 사람이 얼마나 될까? 쓰레기를 몰래 버리는 곳에 CCTV를 설치한 뒤 투기 행위가 사라졌다는 조사 결과가 있다. 남이 보지 않는다고 해서 자신을 속이기는 쉽지만, 60조 개 세포는 모두 알고 있다. 자신을 속여 불행과 고통을 자초하지 말아야 한다. 모르고 한 행위라도 타인에게 불쾌감이나 해를 주면 사기라고 해도 할 말이 없다.

② 자기부정을 하지 마라

나는 나의 주인이요, 아무도 나를 대신하여 주인이 될 수 없다. 처지가 만족스럽지 못하다고, 과거가 후회스럽다고 자신을 부정할 필요는 없다. 전혀 도움이 되지 않기 때문이다. 지금의 고난과 과거의 반성이 있기에 다가오는 미래에 더 잘해 보겠다는 의지가 생기는 것이다.

인생이 한 부분의 평가와 성과로 결정된다면 나이가 들면서 더 노력한들 무슨 소용이 있겠는가? 다행히 우리는 더 생각하고 느낄 수 없는 순간까지 더 나은 사람이 될 기회가 있다. 지금의 나는 과거의 내가 모인 것이다. 나의 모든 것을 인정하고 긍정하자. 과거의 잘못은 대부분 내가 어리석어 몰랐기 때문이고, 더 높은 자리에 올라가 잘 먹고 잘 입고 잘나고 싶다는 욕심이 지나쳤기 때문이다. 자기를 인정해줄 수 있는 사람은 자신밖에 없다.

③ 자기 비하도 절대 금물

나는 왜 남들처럼 부자 부모 슬하에서 태어나지 못했나? 나는 왜 연예인들처럼 잘생기지 못했나? 나는 왜 천재들처럼 머리가 좋지 못할까? 나는 왜 농구 선수처럼 키가 크지 못할까? 상대 비교는 마음의 불치병에 가까운 '처럼'병이다. 그러나 그들처럼 좋은 조건을 가지고 태어났다고 해서 원하는 대로 성공하고 행복할 거라는 보장은 없다. 확률이 높지 않겠느냐고? 확률은 나와 관계없는 개별 사안이다. 주사위를 던져서 내가 원하는 숫자가 나올 확률은 6분의 1이다.

나는 나대로 가능성을 가지고 태어났다. 용모가 출중한 사람이 사회적으로 유리하다는 통계 분석이 있고, 인정할 만한 근거도 있다. 그러나 특정 기간뿐이다. 용모로 인생이 정해진다면 잘생기지 못한 사람은 모두 실패해야 한다. 자신을 비하할 근거나 이유가 없다. 당당하게 자신을 인정하고 존중할 때 두려움 없는 잠재 능력이 드러난다.

철학자 강신주 박사는 토머스 하디의 소설《캐스터브리지의 시장》에서 "후회는 모든 불운을 자기 탓이라고 생각하는 태도이며, 자신은 다르게 행동할 자유가 있었다는 의식을 전제하고 있다"는 것을 발견했다. 자의식이 강한 사람일수록 불행을 자기 탓으로 돌리기 쉽다고 한다. 그러나 그런 상황에서 자신은 다르게 행동할 수 있었다고 가정하는 것은 오만이다.

우리는 한때 '내 탓이오'라는 유행에 빠진 적이 있지만, 이는 인간에게 원죄가 있다고 말하는 것과 같다. 수많은 변수 가운데 생존하려고 발버둥 쳐야 하는 인간에게 자신보다 타인과 자연, 사회 환경에서 비롯된 외부 원인이 많다. 모든 것을 내 탓으로 돌리지 말자. 인간이 완벽하고 탁월한 존재라고 생각하는 착각을 그만두고, 불행은 피할 수 없는 자연 흐름의 하나라고 인정하며 스스로 고통을 부여하지 말자.

왜 인생의 불행이 모두 내 탓인가? 인생을 자기 마음대로 할 수 있단 말인가? 그렇다면 죄 없는 사람이 정치적 도구로 이용되어 사형 당하는 것을 그 사람의 책임이라고 할 수 있는 근거는 무엇인가? 세상에는 자신이 어쩔 수 없는 일이 많다. 칸트가 말한 자유의지의 본질은 욕망에서 자유지, 본능에서 자유가 아니라고 생각한다. 어떤 경우에도, 농담이라도 "내가 그렇지 뭐" "나는 아무것도 아니야"라는 부정적인 말은 입에 담지 말자.

자기 관리 공부 3가지

① 자리이타 自利利他

자기의 성공을 원하면 타인의 성공을 위해 기꺼이 도움을 주어야 한다. 인간 사회에서 오로지 자기의 능력과 노력으로 원하는 바를 성취할 수 있는 길은 없다. 성공한 사람들은 자기의 노력과 타인의 조력이 최적의 타이밍을 만난 경우가 대부분이다. 재능과 능력, 노력이 아무리 탁월해도 타인의 결정적인 도움 없이는 이뤄지지 않는 일이 많다. 또 타인에게 도움을 주는 과정에서 자신에게 기회의 메아리가 돌아온다. 자신을 위험에

빠뜨리는 무모함이 아니라면 타인이 도움을 요청할 때 능력 범위에서 적극적으로 지원하자.

독일 BMW 그룹의 한국 법인을 이끄는 김효준 사장. 이 회사에 몸담기 전 일하던 회사가 문을 닫게 되었다. 김 사장은 함께 일하던 직원들을 취업시키려고 동분서주했다. 이때 접촉한 헤드헌터가 김 사장에게 난처한 표정으로 말했다.
"BMW에서 사장을 공모하는데 복수 후보자를 추천해달라네요. 적임자 한 분은 얘기가 됐는데, 한 분 더 찾아야 해서……."
적임자가 있지만 BMW에서 복수 후보를 요구하니 들러리를 세워야 할 형편이라는 얘기다. 김 사장에게 이름이라도 올려달라고 부탁하는 것이다.
"조건이 있어요. 우리 직원들 취업 좀 신경 써주시오. 그럼 내가 들러리를 서주지."
김 사장은 직원들 취업을 적극적으로 돕겠다는 헤드헌터의 약속을 받고 기대 없이 복수 후보로 나섰다. 그러나 BMW는 김 사장을 발탁했다. 물론 김 사장의 능력이 미치지 못한다면 일어날 수 없는 일이지만, 자리이타의 발로에서 시작된 운과 실력의 조화가 기회를 만나 인생 전환의 계기가 된 것이다.

그러나 자리이타는 자기애가 필수다. 마틴 루서 킹은 "삶에서 가장 중요한 질문은 타인을 위해 무엇을 하는가"라고 했지만, 지금 자신을 위해 무엇을 했는가 하는 것이 더 중요하다. 자신조차 추스르지 못하는 사람이 타인에게 도움을 줄 방법은 많지 않다.

② 자립입타 自立立他

넘어진 타인을 도우려면 서 있어야 한다. 그런 기회가 와도 도와줄 능력이 없다면 한숨만 나오고, 미안하다는 말을 할 수밖에 없다. 도움을 받는 입장이 되는 것도 나의 현 위치가 상대에게 가치 있어야 가능하다. 과거에 타인을 얼마나 도와주었는가는 고려의 대상이 아니다. 지금 상대를 도와주면 자신에게 어떤 이득이 있을까 생각하는 것이 사람이다.

사람은 상대의 처지를 보고 관계를 설정할 수밖에 없다. 고관대작도 그 자리에서 물러나는 순간 인적 네트워크가 사라지기 시작한다. 자격이 부족한 정치인이 검찰에게 약자의 모습을 보이는 건 구린 데가 있기 때문이고, 반대로 검찰이 큰소리칠 수 있는 것은 과거와 현재 정치인의 비리나 불법행위에 대한 정보를 손에 쥐고 있기 때문이다. 털어서 먼지 안 나는 사람, 잃을 게 없는 사람은 두려워할 대상이 없다.

내가 실력을 발휘할 때 타인을 당당한 위치에 올릴 수 있다. 드러커는 경영자의 자기 계발은 전적으로 자신의 책임이자 의무라고 했다. 사회 구성원으로서 1인 자기 경영자는 사회에 보탬이 되는 자유인이다.

③ 자각각타 自覺覺他

자신이 깨달아야 타인을 깨닫게 해줄 수 있다. 우리 삶에는 알지 못해 저지르는 일이 많다. 문제와 해답을 알 때 타인을 바른 길로 안내할 수 있다. 성인이 된 후 깨달음이란 나이와 비례하지 않는다. 실전에서 우러나는 묘수를 알려면 몸으로 부딪치고 마음으로 느껴야 한다. 피상적인 논리로 복잡한 현실의 삶을 이해할 수 없다.

나의 깨달음을 통해 타인에게 도움을 주는 사람이 된다는 것은 재화를 제공하는 이상의 가치 있는 조력자가 되는 것이다. 공부는 자기만족의 범위를 넘어 적어도 자기 인생에 도움이 되거나, 타인에게 도움을 줄 수 있어야 한다. 드러커는 가르치는 사람만큼 많이 배우는 사람이 없듯이, 경영자는 다른 사람을 계발하려는 노력을 통해 자신에 대한 요구 수준을 높인다고 했다.

3

행복은 선택

진짜와 가짜의 분별

성인군자나 요조숙녀가 되는 것이 인생의 목표라고 생각하는 사람은 없을 것이다. 한국의 국회에는 '바른 언어상'이 있다. 언어란 마음의 솔직 담백한 표현인데, 욕하고 싶을 때나 욕할 만한 상황에서는 욕을 할 수도 있는 것이다. 고상한 말을 사용하는 것과 그 사람의 인격은 아무런 연관 관계가 없다. 마찬가지로 비속어를 사용한다고 해서 그가 무지하거나 악한 사람이라고 단정 지을 수 없다.

총탄과 포탄이 빗발치는 전쟁터에서 지휘관이 고상한 말투로 "부대원 여러분, 쳐들어오는 적을 물리쳐 우리나라를 지킵시다"라고 할 수 있는가? "이런 개자식들을 모조리 쓸어버려 이 강토를 넘보지 못하도록 최강국의 본때를 보여주자"고 하는 것이 가슴에 와 닿지 않는가? 욕설을 하지 않는다고 훌륭하거나 교양 있는 사람이라는 편견을 버려라.

고상한 말과 태도로 교양 있는 사람처럼 위장해도 세 치 혀와 지위, 권력과 재력으로 타인의 인생을 망가뜨리거나, 가정을 파괴하거나, 육체적·정신적으로 고통을 주는 사람이야말로 진짜 나쁜 놈이다. 진짜 나쁜 것이 무엇인지 알아채야 한다. 그렇다면 행복은 어떻게 만들 수 있는가?

행복은 선택

행복은 내 발 앞에 저절로 굴러 떨어지는 것보다 자신이 선택하는 것이 많다. 행복은 기준이나 표준이 없고, 철저하게 각자 생각이기 때문이다. 인간은 자신이 갈망하는 욕구를 충족했을 때 행복하다. 그러나 근본적으로 어쩔 수 없는 것은 욕구 리스트에서 삭제하는 것이 행복에 다가가는 길이다.

아무도 가치를 인정해주지 않는 것에 집착하거나, 과거 자신의 이력 때문에 심각한 콤플렉스에 빠진 사람은 언제나 비교 대상을 찾는다. 이런 사람은 해외여행을 할 때도 다른 사람이 어느 등급 좌석을 타는가, 어떤 호텔에 묵는가에 관심이 많다. 남이 궁금해하지도 않는 자신의 지위나 권한을 화제에 올려 상대적 우월감에 젖고, 그런 행동으로 인격이 오히려 저평가된다는 것을 모른다. 본인은 그렇게 함으로써 행복을 느낄 수도 있겠지만, 대화 상대는 불편한 마음이 더해지고 그럴수록 내면을 향하는 콤플렉스는 깊어질 뿐이다.

쥐가 쥐약이 묻은 줄도 모르고 미끼를 먹는 것처럼 행복해질 수 있는 방법을 아는데 굳이 불행을 선택하는 사람은 없다. 그것이 더 큰 행복이라고 믿기에 선택할 뿐이다. 그러나 타인에게 불쾌감을 주면서 자기 행복을 추구하는 사람은 이기적이다.

사람들은 각자의 패러다임에서 벗어나기 어렵기 때문에 타인의 행복의 기준을 이해하지 못한다. 자기 것과 다르다고 해서 타인의 기준이 틀렸다고 주장하며, 심지어 자기 가치관을 강요하는 사람도 있다. 모르면 가만히 있는 것이 최선이고, 좀 더 적극적이라면 물어볼 수는 있다. 모르면서 비판하는 것은 초등학생이 결혼하여 가정을 이룬 성인을 상대로 인생에 대해 조언하는 것과 같다.

행복은 존재하는 것이므로 발견해야 할 대상이다. 인간이 창조할 수 있는 것은 없다고 해도 과언이 아니다. 창조된 것 가운데 발견하고, 생각과 언어를 통해 인식할 뿐이다. 인간은 손에 들어오지 않은 미래의 행복을 위해 현재의 행복을 유보한다. 그러다가 세상을 떠나기 전에야 한숨으로 아쉬움과 후회를 대신한다. 인간이 창조한 것 가운데 지구에 해를 주지 않고 사용할 수 있는 것이 얼마나 되는가? 인간이 창조하는 것은 자연이 공짜로 준 것을 더 잘 파괴하는 기능을 갖춘 것이 많다.

우리는 유명인, 권력자, 재력가가 되기를 바란다. 그 바람이 좋고 나쁜 것의 문제가 아니다. 작용과 반작용의 법칙이 여기에서도 예외가 아니라는 말이다. 상승하겠다는 욕망, 더 많이 갖고 싶다는 욕망을 멈추지 않으면 반드시 잃어야 할 것이 있다. 자식이 성공한 사람일수록 부모는 그 자식을 볼 시간이 줄어든다. 연로한 부모뿐만 아니라 어린 자녀들도 마찬가지다. 주말에는 골프나 사교 모임에 나간다. 주중에는 일 때문이거나 일과 연관되어 집에 일찍 들어오지 않는다.

가난해도 행복할 수 있다는 말을 하지만 지극히 예외적이며, 가난한 정도에 따라 다르다. 삶의 기본인 의식주를 해결할 수 있는 상태는 상대적 가난일 뿐이다. 가난의 정의는 인간으로서 삶의 기본인 '의식주를 자력으로 해결할 수 없는 상태'를 말한다. 고가 브랜드 옷을 입고, 비싼 재료로 만든 음식을 먹고, 좋은 위치에 자리한 넓은 집에 살지 못했다고 해서 가난하다고 할 수 없다.

진짜 가난이 무언지 알고 싶다면 병에 걸릴 줄 알면서도 동물이나 먹는 물을 마시고, 동물이나 자는 집에서 먹고 자는 아프리카 사람들을 생각해보라. 기본 의식주를 제대로 해결할 수 없는 상태에서 행복하다고 말하는 것은 무리다. 그들이 행복한 것은 욕구가 해결된 순간뿐이다. 갈증이 나는 사람이 오아시스를 만나 물 한 바가지로 목을 축일 수 있는 순간 행복을 느끼는 것과 같다.

가난한 사람보다 부자가 행복에 가까운 까닭은 '자신을 위한 것 외에 타인에게 많은 것을 줄 수 있는 능력 때문'이다. 타인에게 베풂으로써 느끼는 행복은 무한에 가깝다. 봉사하는 사람이 맛보는 희열을 심리학 용어로 '헬퍼스 하이Helper's High'라고 한다. 미국의 내과 의사 앨런 룩스가 '남을 도울 때 느끼는 정서적 포만감'이라는 의미로 처음 사용했다. 인생철학이 있는 사람은 보통 사람들이 습관적으로 하는 상대 비교에서 자유롭다.

풍요롭고 행복한 자유인이 되겠다는 욕망이 더 나은 삶을 위해 열정을 쏟아 붓게 하는 동기다. 한계효용 체감의 법칙은 행복에도 적용된다. 흔히 대중이 바라는 돈, 지위, 권력, 명예로 어느 정도 욕망이 충족된 상태라면 그런 것들을 통해서 더 이상 행복을 얻기 어렵다. 그때 지혜로운 사람이라면 타인과 나누는 삶을 통해 새로운 행복을 발견한다.

자유인의 자격은 선택하거나 획득하는 것이다. 자신의 자유를 방치·유기하는 사람에게 어느 누가 그 자유를 찾아주겠는가. 선거와 투표가 민주주의의 꽃이라고 하는 것은 사회 구성원으로서 자유의지에 따라 내 삶에 큰 영향을 미치는 권리를 명령하는 것이기 때문이다. 그 권리를 행사하지도 않는 사람이 사회를 비난하는 것은 모순이다. 그것은 자신이 버린 권리고, 다른 사람이 그 폐기된 권리를 발판 삼아 원하는 바를 쟁취했을 뿐이기 때문이다. 자신의 권리 위에 잠자는 자에게는 아무도 그의 권리를 지켜줄 책임과 의무가 없다.

강점을 강화하는 길

누구나 자신의 강점을 잘 안다고 생각하지만, 오히려 잘 아는 것은 자신의 약점이다. 각자의 역량 범위에서 자유인으로서 자기 경영자가 되는 것이 행복이다. 저마다 재능이 다르고 꿈이 다르다. 이른바 '사회에서 성공한 사람'을 모델로 자신도 그런 사람이 되려고 억지로 만들지 않아야 한다.

   강점을 발견하는 기본은 하기로 한 일과 기대하는 결과를 적어놓고 실행하되, 6개월이나 1년 뒤 처음의 계획과 결과를 비교하는 것이다. 드러커가 말했듯이 사람들이 성과를 내는 것은 강점을 사용했을 때다. 자신의 재능과 강점, 약점을 깨달아 그를 바탕으로 강점을 강화하고 약점이 강점을 강화하는 데 방해가 되지 않도록 노력하는 것이 성공의 지름길이다.

행복에 대한 질문 3가지

1. 일이 너무 많아서 잠자는 시간을 줄여야 하는 처지고, 그 한계를 넘어섰다. 당장 무언가 조치를 취하지 않으면 안 되는 상황이다. 당신이 가장 먼저 해야 할 일은 무엇인가?

---

2. 당신이 생각하는 행복이란 어떤 것이고, 지금 얼마나 행복한지 측정할 수 있다고 가정하자. 더할 나위 없는 행복 수준이 10, 불행으로 가득 찬 것이 0이라 할 때 당신의 위치는 어디라고 생각하는가? 당신의 위치를 10과 가까운 쪽으로 높이려면 무엇을 해야 하는가?

---

3. 친구에게 1000만 원을 빌려주었다. 그런데 약속한 날짜에서 1년이 지나도 갚을 생각을 하지 않는다. 친구가 파산자는 아니다. 당신은 어떻게 하겠는가?

실천 Tip : 시간 자원 관리 방법

    시간 자원을 관리하는 핵심은 한 번에 한 가지씩 분산된 시간 자원을 집중해서 의사 결정하고 사용하는 것이다. 시간 자원 관리에 대한 드러커의 통찰력을 활용하라.

    첫째, 성과를 내지 못하는 일에 시간을 투입하지 않는 자기 통제력을 발휘하는 것이다. 이렇게 하려면 내부의 요구보다 외부의 요구를 거절할 수 있는 용기가 필요하다.

    둘째, 자기가 하지 않아도 될 일은 위임하는 것이다. 누가 하든지 그 결과가 큰 영향을 미치지 않는 일이고, 그 시간을 더 중요하고 성과가 높은 일에 사용할 수 있다면 그 일은 타인에게 위임하라. 다만 위임받는 사람이 책임감에 동의해야 위임의 효과가 발생한다.

    셋째, 자신의 시간뿐만 아니라 타인의 시간을 낭비하게 하지 않는 것이다. 자신이나 가족 혹은 연관된 사람들에게 도움을 주지 못하면서 그들의 시간 자원을 낭비하는 일이 없는지 질문하라.

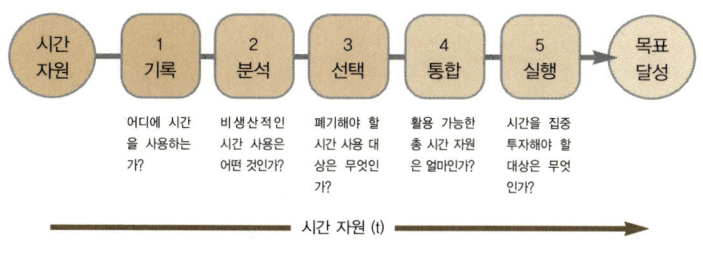

시간 자원 관리 프로세스

이 세 가지를 바탕으로 시간 자원 관리 프로세스를 사용해보자. 시간 자원을 통합하는 것은 자원 투입 효과를 최대화하기 위함이다. 멀티태스킹은 로봇에 해당한다. 사람은 한 번에 두 가지 일을 잘할 수 없다. 한 번에 한 가지씩 시간 자원을 집중해야 성과를 낼 수 있다.

Note

삶을 주도하라

1

동기 소통자

커뮤니케이션 능력

사회적 동물인 인간의 최대 약점이자 최대 강점은 '언어능력'이다. 이는 양날의 칼이다. 사회 활동은 커뮤니케이션이 반 이상을 차지한다. 보고 싶은 것만 보고, 듣고 싶은 것만 듣는 이기적 커뮤니케이션 습관의 경직성은 나이와 비례한다. 나이가 들수록 자신의 고정관념과 패러다임에서 벗어나지 못하기 때문이다. 모든 것을 편견 없이 받아들이는 어린 시절의 순수함은 나이가 들고 지식과 경험이 축적되면서 고정관념의 틀에 갇힌다. 지식과 경험이 늘어날수록 고정관념은 양적으로 커지고 질적으로 강해진다.

커뮤니케이션의 반은 정보의 교환이고, 나머지 반은 고정관념의 탈출이다. 사람은 정보의 질과 양에 관계없이 자신의 지식과 경험을 정보 해석 도구로 사용한다. 지식과 경험이 백지 상태라면 상대가 제공하는 정보는 편견 없이 대부분 받아들여진다. 이는 어린아이를 보면 알 수 있다. 말을 알아듣는 아이부터 노인에 이르기까지 세월과 함께 축적되는 고정관념이 커뮤니케이션의 최대 장애물이다.

같은 말을 동시에 여러 사람에게 해도 각자의 고정관념에 따라 해석이 다르고 이해가 다른 것이 커뮤니케이션이다. 소크라테스는 "목수와 말할 때는 목수의 언어를 사용하라"고 가르쳤다. 그래서 커뮤니케이션의 목표를 달성하려면 커뮤니케이션 결과에 따른 목표를 정하고, 그 목표를 달성할 때까지 지속적으로 반복해야 한다. 거짓말도 대중에게 무수히 반복하면 진실로 들린다고 하지 않는가.

그러나 신뢰를 잃은 사람은 어떤 말을 해도 상대가 믿지 않는다. 그에 대한 확신이 사라졌기 때문이다. 이상한 것은 이런 신뢰 상실도 망각한다는 점이다. 사기 당한 사람이 같은 사람에게 또 사기를 당하는 것도 이 때문이다. 누구를 탓하겠는가? 그럼에도 신뢰는 커뮤니케이션의 속도와 성과를 높이는 열쇠다.

상대를 이해하라

자신이 오랜 시간에 걸쳐 획득한 지식과 경험, 즉 고정관념을 뛰어넘어 타인과 원만하게 커뮤니케이션하는 것은 불가능에 가깝다. 생각하지 않으면 대화할 수 없고, 생각의 원천은 경험과 지식이라는 창고에서 나오기 때문이다. 흔히 창의적 사고를 위해 상자 밖의 것을 생각해보라고 하지만, 접근 방법을 완전히 바꾸지 않으면 불가능하다. 상자 밖을 보려고 해도 상자의 크기만 늘릴 뿐이다. 상자 안팎이 고정관념에서 벗어나지 못하는데 상자 밖으로 나간들 무슨 소용이 있나. 상자를 부숴야 한다. 상자를 부순다는 것은 생각에 경계를 두지 않는 것이다. 그 경계조차 스스로 만들고 무너뜨릴 수 있는 것인데도 이론과 실천은 전혀 다른 문제다.

귀와 눈만 사용하는 것이 아니라 마음을 열고 듣는 심청心聽 커뮤니케이션이 최선이다. 출발점은 자신의 생각을 먼저 내세우지 않는 청취며 이해다. 커뮤니케이션은 발신자가 정보를 제공함으로써 출발하지만, 그 결과는 수신자의 선택에 달렸다. 상대가 정보를 이해할 수 있어야 올바른 진행이 가능하다. 그러므로 듣기도 전에 미루어 짐작하거나, 의도적으로 해석하는 것을 자제해야 한다. 알지 못하는데 어떻게 이해할 수 있는

가. 우리는 이해하기 전에 해석하려는 습관이 있다.

부부 사이에도 최대한 많은 것을 알려고 하는 노력이 먼저다. 부부 사이에서 최악의 대화는 "더 이상 말하고 싶지 않다"라는 보도가 나온 적이 있다. 대화 상대가 되지 않을 만큼 생각의 차가 크다고 무시하는 것이다.

상대를 이해하려는 노력이 없으면 해석이 잘못되고, 공감을 형성하지 못한다. 말은 많이 했지만 각자 추구하는 결과를 얻지 못하는 것은 서로 이해하려는 노력이 부족해서다. 커뮤니케이션의 목적은 이해함으로써 긍정적인 변화를 추구하는 것이며, 목표는 상대가 행동으로 나의 기대를 충족하는 것이다.

커뮤니케이션의 또 다른 원칙은 추측하지 말라는 것이다. 추측에는 부정적인 면과 긍정적인 면이 있으나, 사실을 사실로 받아들이려면 추측을 배제해야 한다. 추측에도 습관이 작용한다.

의사소통의 열쇠, 공감

지금은 인도 타타그룹의 자회사가 된 상용차 생산 기업 타타대우 김종식 사장의 이야기다.

김 사장은 2009년 말 경영 혁신과 새로운 기업 문화 정착을 목적으로 신임 사장에 취임했다. 2년이 채 안 되는 2011년, 그가 취임하기 전 무려 12년 동안 연례행사로 벌어지던 파업을 심청 커뮤니케이션으로 종식시켰다.

협상 전문가, 노사문제 전문가라는 사람들이 조언한 파업 해결책은 "노조 대표와 술도 마시면서 인간적으로 친밀해져라, 공장에서 같이 숙식하며 노조 구성원들과 친밀하게 지내라" 등 '척하는' 것들이었다. 그러나 김 사장은 그런 방법으로 구성원들의 마음을 열 수 없다고 판단했다. 다른 사람인 척하는 것은 우선 자신에게 고통스러운 일이고 상대에게도 진실을 나타낼 수 없는 일이며, 상대가 그것을 모를 리 없다고 생각했다.

첫째, 그는 술을 잘 못한다. 둘째, 공장에서 같이 숙식하며 동질감을 주지 못할 것은 없으나 얼마나 오래 할 것이며, 마음에서 우러나오는 동질감을 줄 수 있다는 생각이 들지 않았다. 장군이 사병과 같은 방에서 생활한다고 사병이 될 수는 없다.

그는 사장과 구성원 어느 누구라도 직위나 직책(책임과 권한)은 다르지만 동등한 인격자이며, 그들에게 가장 소중한 것은 현재의 일터고 가족이라고 믿었다. 김 사장은 구성원의 가족을 공장으로 초청하여 회사가 만든 상용차를 보여주고, 가장이 얼마나 중요한 일을 하는지 가족이 보고 느껴서 이해하도록 했다. 또 아이들 대상으로 미술대회를 개최하여 구성원으로서 자부심과 가족애를 솔직하게 표현하도록 했다. 전문가들이 조언한 것은 겉으로 하는 소통이었으나, 김 사장의 실천은 자신의 문화와 가치관에 바탕을 두고 구성원에게 가족의 소중함과 회사 구성원으로서 자부심을 일깨웠다.

이것이 심청 커뮤니케이션(인식을 통한 공감)이다. 드러커는 강력한 의사소통은 상대의 인격과 가치관, 신념, 열정을 바꾼다고 했다.

소통의 변화 3단계

커뮤니케이션 발전의 3단계는 다음 그림과 같이 딴청-경청-심청으로 발전해야 하고, 이해-인식-공감으로 실행되어야 한다. 우리가 목표로 하는 커뮤니케이션이 심청이고, 커뮤니케이션의 최종 목표는 커뮤니케이션의 결과 긍정적인 생각의 변화가 일어나 행동으로 연결되고 상황을 바꿔서 목표를 달성하는 것이다.

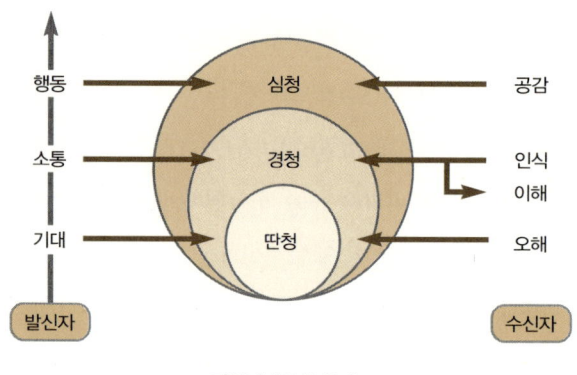

커뮤니케이션 단계

결혼한 여성과 우연히 알게 된 미혼남이 있다. 미혼남은 그녀를 처음 본 순간 전율을 느꼈고, 결혼하여 평생 같이 살고 싶었다. 그녀 역시 미혼남에게 호감이 있지만, 남편이 있고 현재 남편과 큰 문제가 있는 것도 아니다. 미혼남이 청혼한다면 그녀의 마음이 어떨까? 영화 〈구름 속의 산책A Walk in the Clouds〉에서 이런 상황이 벌어졌는데, 남자 주인공의 부인이 가치관이 맞지 않는다고 이혼을 작정한 상태다. 결혼의 책임을 지겠다는 마음으로 잊지 못할 여성을 가슴에 묻고 돌아온 남자 주인공에게는 이보다 좋을 수 없는 소식이다.

정보 기술이 발달함에 따라 대면 대화보다 전자우편을 사용한 대화가 많아졌다. 전자우편은 대화의 하드웨어다. 녹음되지 않은 말은 사라지지만 전자우편은 영원히 남는다. 얼굴을 보고 하지 못하는 말도 전자우편으로는 쉽게 할 수 있기 때문에 전자우편을 사용한 소통은 더 위험하다.

소통의 목표는 상대의 마음을 움직여 행동으로 이끌고, 원하는 성과를 내는 것임을 잊지 말자. 전자우편에 사용하는 단어 하나 때문에 좋던 관계가 최악으로 돌변할 수 있다. 특히 상대를 긴장·흥분시키는 단어는 의도적인 것이 아니라면 사용하지 말아야 한다. 물론 대면 대화에서도 긴장, 흥분, 분노, 교만 같은 단어는 넣지 말아야 한다.

부정적인 단어는 부정 에너지를 머금은 비구름과 같아서 그 말의 무게를 감당하지 못한다. 적절한 단어 사용은 수백 번 말해도 지나치지 않을 만큼 인생을 좌우하는 도구이자 무기다. 음성이든 글이든 긍정의 언어로 표현하고, 긍정의 언어로 긍정을 북돋우는 습관이 배면 화를 불러들이지 않는다. 상대를 논리로 설득하려고 시도하기보다 타인의 의도와 인식을 이해하여 공감하려는 노력이 협력의 관계를 만든다.

의사소통이 실패하는 가장 큰 원인은 '인식의 차이'다. 이는 사람마다 오감이 다르기 때문이다. 좀더 세분하면 관심의 대상, 가치관, 인생관, 지식의 수준, 감정이 다르다. 라디오로 치면 주파수가 다른 것이다. 드러커는 의사소통의 열쇠는 말하는 사람이 아니라 듣는 사람이 쥐고 있다고 했다. 발신자는 말할 뿐이고 이해와 인식, 행동으로 이어지는 과정은 수신자가 결정할 사항이다.

힘세고 거대하며 능력 있는 집단과 상대하기 위해 반드시 내가 그에 상응하는 힘과 능력을 갖춰야 하는 것은 아니다. 그것은 용기의 문제일 뿐이며, 상대적으로 힘이 약하고 능력이 부족해도 용기를 내면 영향력을 발휘할 수 있다. 용감한 사람에게서만 용기가 나오는 것은 아니다. 힘이 부족해도 권리를 찾기 위해 노력하는 것이 용기다.

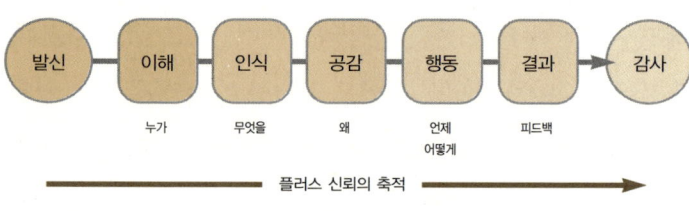

성공 커뮤니케이션 프로세스

❷

실행 전략가

실행과 실패

누구나 실행이 무슨 말인지 안다. 그런데 실행의 목표가 반드시 성과를 내야 하는 것은 아니다. 한 분야의 달인이 되기까지 과녁을 향해 수없이 발사하지만 빗나가는 경우가 더 많다. 실행은 성과를 목표로 하나, 바라던 성과를 내지 못했다고 실패라 할 수는 없다. 실패를 거듭할수록 실전 경험에서 우러나는 실력도 는다.

진짜 문제는 두려움과 불안 때문에 시도조차 하지 않는 것이다. 인생에서 조건이 같은 기회를 잡기란 불가능하다. 무엇보다 실행이 중요한 것은 해보지 않으면 알 수 있는 것이 없기 때문이다. 시도가 실패해도 그로부터 배우는 것이 있다. 그럴듯한 이론을 내세우는 사람보다 이론은 잘 몰라도 실행에 옮겨 성과를 얻은 사람이 유능하다.

첨단 기술을 이용해 만든 비행 조종 프로그램과 시설에서 운항 기술을 완전히 익혀도 실제 비행에서는 돌발 상황이 발생한다. 시뮬레이션 프로그램에 자연환경의 모든 변수를 넣을 수는 없기 때문이다. 그래서 경험이 중요한 것이며, 실전 경험은 실행해보지 않고는 절대 알 수 없다. 일상에서 타인의 고민과 가치관, 고통을 공감하는 일이 어려운 것도 이 때문이다. 드러커는 효율적으로 일을 잘하는 것보다 올바른 일을 하는 것이 중요하다고 했다.

전략의 의미

전략을 계획하는 것은 실행 못지않게 중요하다. 드러커는 전략이란 "내부의 문제를 외부의 시각으로 보는 것"이라 했다. 구체적으로 표현하면 "목표 자체와 그 목표를 달성하기 위해 자신의 강점 위에서 자원과 역량을 분배하는 실행 계획"이다.

성장기가 끝난 고등학생이 키가 170센티미터인데, 세계적인 농구 선수가 되어 NBA에 진출하는 것이 꿈이라고 한다. 이 학생이 세운 전략은 타당한가? 목표만 세워도 전략이 된다. 제대로 된 전략은 결정한 목표와 그 목표(꿈)를 이루기 위해 자신이 가진 자원과 역량을 분배하는 것인데, 이 학생의 자원은 키 170센티미터와 갈고 닦은 농구 실력이다. 이 학생은 목표를 달성할 수 있을까? 쉽지 않다. 전략 자체, 즉 전략의 원점인 목표 설정이 잘못되었기 때문이다. 농구에서는 키의 우위가 절대적 경쟁력의 한 요소인데, 이 학생은 극복할 수 없는 신체 조건을 갖추었다.

그렇다면 두 번째 문제가 있다. 이 학생은 목표를 포기해야 할까? 전략적 사고의 중요성이 여기에 있다. 이 학생은 목표를 변경하는 것이 필요하다. 이것도 전략의 일부다. 농구는 반드시 해야 한다. 자신이 좋아하는 인생의 꿈이기 때문이다. 그러나 농구를 절대 해서는 안 된다. 신체 조건으로 볼 때 성공할 가능성이 제로에 가깝기 때문이다.

분명히 모순이다. 무엇이 해답일까? 전략적 사고를 하는 사람이라면 이 경우 농구 선수에서 농구 감독으로 목표를 수정할 것이다. 농구 심판은 어떨까? 어느 쪽이 확률이 높을까? 다음 공식은 전략을 수립하고 실행할 때 필수 고려 사항이다. 중학교 물리 수업에서 배운 자연법칙이다.

압력은 힘을 그 힘이 닿는 면적으로 나눈 값이라는 뜻이다.

[압력 : Pressure] = [성과 : Performance]　　$P = \dfrac{F}{A}$　　[힘 : Force] = [자원 : Resources]
[면적 : Area or surface] = [목표 : Objective]

전략 수립에 적용해야 할 물리법칙

힘이 일정하면 닿는 면적이 좁을수록 압력은 커진다. 힘이 같은 사람이 더 많은 압력을 원한다면 힘이 닿는 면적을 최소화해야 한다. 이것을 전략에 도입하면 압력을 성과로, 힘을 자원으로, 면적을 목표로 생각할 수 있다.

누구에게나 자원은 제한되어 있다. 자기가 바라는 전략을 달성하고 성과를 높이기 위해서는 목표를 작은 단위로 나누어 단계별로 실천하는 전략을 세워야 한다. 자원이 한정되었을 때 성과를 높이는 길은 목표를 작게 하는 것이기 때문이다.

위 공식은 다음 그림의 압정을 보기로 들 수 있다. 압정은 아래 뾰족한 부분이 가늘어야 약한 힘으로도 원하는 곳에 박을 수 있다. 손만 사용한다고 할 때 엄지가 큰 사람은 누르는 면적이 넓을수록 유리하다. 더 큰 압정도 쉽게 박을 수 있다. 일반적으로 개인의 자원은 지식 근로자의 지식과 몸이다.

개인으로서는 제한된 자원과 역량을 자기 강점의 바탕에서

전략의 중요성 보기 : 압정과 못

선택한 목표에 집중하는 것이 성과를 만들어내는 기본 전략이다. 전략적 사고의 원리는 개인을 넘어 가정, 사회, 조직, 대규모 경제 주체인 국가에도 동일하게 적용될 수 있다. 각자의 자원은 제한되어 있다. 그러나 우리는 인생에서 여러 가지 욕망을 이루고 싶다. 행복하고 풍요로운 자유인이 되려면 일단 전략을 이해하고 수립해야 하며, 실행은 필수 사항이다.

혁신과 폐기

아무리 발버둥 쳐도 모든 것은 변할 수밖에 없다. 더욱이 자유인이 되기 위해서는 스스로 변하지 않으면 안 된다. 변화를 주도하는 것은 혁신이다. 혁신은 우주선이 지구를 탈출하기 위해 중력을 극복해야 하듯이, 생각과 행동에 밴 습관의 관성을 극복해야 한다.

바로 앞에 설명한 전략을 발전시켜보자. 드러커는 혁신을 '전략(목적과 초점)을 가지고 개인이나 조직의 경제적·사회적 잠재력에 변화를 일으키는 노력'이라고 했다. 혁신은 평소 운동을 하지 않는 사람이 어느 날 굳게 결심하고 쓰지 않던 신경과 근육에 자극을 주는 것과 같다. 그러나 이것은 잠시일 뿐, 운동을 통해 몸의 유연성을 높이고 순환 작용이 원활해지면 고통은 사라지고 상쾌함을 만끽할 수 있다.

혁신은 과거에서 탈출하는 것이다. 그래서 혁신의 첫째 선택은 체계적 폐기다. 우리가 가고자 하는 곳은 '내가 자유인인 시간과 공간'이다. 과거는 미련을 남긴 후회의 대상이 아니라 숙성을 위한 미래의 거름이다. 자신의 과거가 어떤 모습이든지 이해하고 칭찬하고 용서하고 사랑해야 한다. 완벽한 과거가 완벽한 미래를 보장하지 않는다. 당신이 10년 전으로 돌아갈 수 있다고 하자. 지금보다 훨씬 잘 살 거라고 보장할 수 있는가?

우리는 불완전 속에 완전을 지향하며 앞으로 가지만, 불완전이 있기 때문에 개선하려는 동기가 일어난다. 지금 자신의 인생이 그야말로 완벽하다면 반성은 없고 오만과 자만이 가득할 것이다. 신이 있어 인간을 완벽하게 설계했다면 현대 과학이 밝힌 진화가 있을 수 없다. 자연도 불완전의 진화 과정이며, 자연의 극히 작은 일부인 우리 삶도 동일하다.

  자유인의 혁신을 이끄는 방법은 다양하다. 그 가운데 내 몸에 맞는 것을 선택하면 된다. 그런데 억지로 할 수 없지 않은가. 내가 원해서 하려면 동기를 찾아야 한다. 그 동기가 자유인이 되겠다는 욕망이다. 자유인으로서 내가 누릴 수 있는 것이 무엇인지 생각해보고, 버킷 리스트를 만들고 상상해보자. 그래도 동기가 부족하다면 자유인이 아니기 때문에 내가 할 수 없이 받아들이는 것이 무엇인지 바라보자. 앞으로도 그런 상황이나 조건을 받아들이겠는가? 드러커의 사고를 적용하면 '내가 지금 자유인이라도 그런 목표를 가지고 행동할까' 물어보는 것이다. 그렇게 한 번뿐인 인생을 마감하고 싶다면 혁신을 포기하고 살면 된다. 그러나 절대 그럴 수 없다는 욕망이 가슴에 솟구치면 혁신을 받아들이고 지금 당장 실행하자.

❸

휴먼 인격자

리더십의 본질은 인격

우리는 각자 60조 개 세포의 인격적 리더다. 영어권에서 탄생한 리더십의 바른 의미는 '인격적 지도력'이다. 강력하고 위험한 무기로 타인을 협박하여 굴복시키는 것은 어렵지 않다. 그러나 그것은 일시적 지도력이다. 상대가 그 수단에 대응할 수 있는 환경이나 리더가 그런 힘을 상실하는 순간, 관계가 사라지는 안개 리더십이다.

인격적 리더십이란 무력 수단이나 경제적 두려움처럼 일시적인 힘을 넘어서는 것이다. 힘이 아니라 마음으로 이끄는 것이다. 우리는 자신의 인격이 어떤지 잘 모른다. 객관적으로 볼 수 없고 이기적으로 보기 때문이다. 그래서 타인을 통해 자기를 알 수 있다. 잘못된 인격자의 행동과 태도를 보고 나를 판단할 수 있고, 나를 아끼고 사랑하는 타인의 조언과 충고가 나를 돌아보게 한다.

세상에는 인간의 모습이지만 인간만도 못한 행동과 모습을 보이는 사람, 인구수를 채우려고 태어난 사람들이 수없이 많다. 이런 사람을 함량 미달자라고 한다. 물리적 범죄뿐만 아니라 기술적 범죄, 정신적 범죄, 법을 빙자한 양심 파괴도 포괄적인 범죄에 해당한다. 내가 기억하는 인격적 리더의 표상은 안중근 의사다.

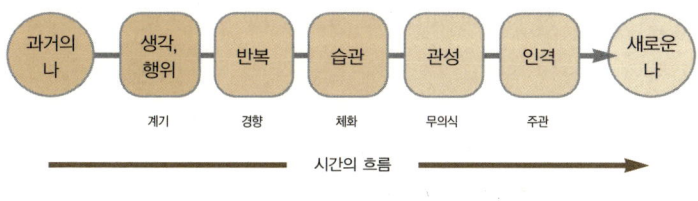

생각과 인격 형성의 관계

세상은 본래 자유인을 위한 것이나 인간이 사회라는 공동체를 구성하고 복잡한 경쟁 구조로 바뀌면서 자유인의 상태를 허물어버리는 장애물이 등장했으며, 물질문명이 발전함에 따라 장애물도 늘어나고 있다. 인격적 리더십은 나의 이익을 위해 타인의 삶을 희생시키는 것이 아니다. 타인의 더 나은 삶을 위해 나의 능력을 발휘하고, 때로는 나의 이익도 포기하는 것이다. 인격적 리더십은 창조적 파괴 활동이다. 드러커는 경영자의 자질을 "평범한 사람이나 조직을 비범한 성과를 낼 수 있는 사람이나 조직으로 만드는 것"이라 했다. 이런 사람이 인격적 리더요, 자유인이다.

인격적 생산 활동이란

생산은 현재의 재화나 용역에 가치를 더하여 새로운 가치를 만들어내는 활동이며, 이는 혁신의 목표이기도 하다. 종전의 시각으로 보지 못하던 자원에 대한 새로운 가치의 발견이나 전환도 생산 활동이며 혁신 활동이다. 원유도 그 용도가 발견되기 전에는 질퍽거리는 기름 덩이에 불과했다.

  인격적 리더십은 인격적인 생산 활동이 되어야 한다. 생산을 위해 나를 파괴하거나 나와 관련된 사람들의 삶을 파괴하

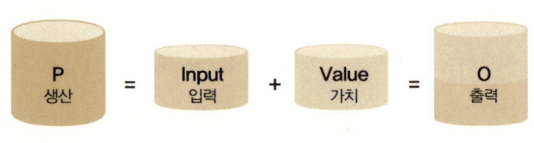

생산의 의미

는 것은 인격적 생산 활동이 아니다.

카리스마 리더십을 갈구하는 시대가 있었다. 모든 것이 부족한 시대, 삶의 질이 낮을 때는 다른 것을 돌볼 겨를이 없기 때문에 먹고사는 것만으로도 고마웠다. 그러나 빵이 충족되는 순간, 사람들은 무시하고 살던 자유를 갈구할 수밖에 없다. 자신을 사랑하는 사람이 사랑이라는 명목으로 자신을 학대하고 마음에 상처를 줄 수 있겠는가?

휴먼 리더십이 인격적 리더십이며, 우리에게 절실한 자기 지도력이다. 다리가 길수록 보폭이 큰 것과 마찬가지로, 마음의 배려와 관용이라는 공간이 넓을수록 자유도가 증가한다. 그러나 휴먼 리더십이 원칙과 균형 없는 무조건적 배려가 되어서는 안 된다. 그것은 자신과 타인을 모두 망치는 행동이기 때문이다.

드러커는 조직에서 경영자의 모습이 그저 좋은 사람이 아니라 성과를 책임질 수 있는 사람이고, 구성원들이 좋아하는 것까지는 기대하지 않아도 그들에게 존경 받는 사람이어야 한다고 했다. 자유인으로서 1인 자기 경영자도 같은 맥락이어야 한다. 입이 좋아한다고 해서 몸의 다른 협력자들에게 해로운 것을 섭취해선 안 된다. 입의 성과는 건강이지 쾌락이 아니다.

인간의 무한 욕구를 제어해야 한다.

상대가 자신의 의무와 책임을 팽개칠 때 잘못을 분명히 지적하고, 의무와 책임을 다하라고 요구할 수 있어야 한다. 외부의 자극(입력)에 대한 반응(출력)을 하기 전에 선택할 수 있는 시간적 여유와 공간이 넓을수록 더 나은 선택, 후회를 줄이는 결정을 할 수 있다. 인생에서 사건 사고와 마주치더라도 무조건반사가 아니라, 그 상황을 이해하려는 여유를 가지고 대응해야 한다.

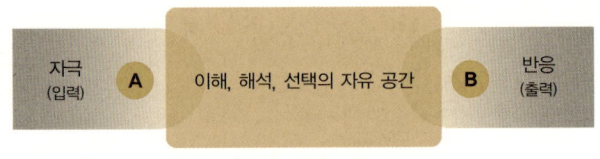

자유 공간의 활용

때로는 시간이 상황을 바꾸고 문제 자체를 소멸시킬 수도 있다. 현상에 구속된 사람은 그 이면의 여유를 보지 못하기 때문에 인격적 리더십을 잃어버린다.

자유공간의 활용

영화 〈You don't know Jack〉에 보면 난치병의 고통을 끊기 위해 자살을 도와주는 의사 얘기가 나온다(실화를 소재로 한 이 영화의 실제 인물은 2011년 사망했다). 이 영화의 관점은 '동정과 법의 경계에서 우리는 어느 쪽을 정당하다고 봐야 하는가', 바꿔 말하면 '누가 자유를 행사해야 하는가' 하는 문제다.

《논어》에 공자의 제자 자공이 공자에게 '평생 지켜야 할 한 마디 말이 무언가' 묻자, 공자가 '기소불욕 물시어인己所不欲 勿施於人'이라 답했다. 자기가 원하지 않는 것은 남에게 베풀지 말라는 뜻이다. 자기가 싫어하는 것을 남이 하도록 강요하는 것은 이기심이므로, 상대의 입장을 생각하고 배려하라는 뜻이다.

주도에 대한 질문 3가지

1. 당신은 고등학교 3학년 학생이다. 열심히 했지만 도무지 성적이 오르지 않아 원하는 대학, 원하는 학과에 진학하기 어려운 상황이다. 당신은 어떤 전략적 선택을 할 수 있는가? 그리고 당신이 지금 가장 먼저 해야 할 일은 무엇인가?

---

2. 오늘은 당신 부부의 10주년 결혼기념일이다. 근사한 장소에 저녁식사를 예약하고 업무를 정리하고 있다. 오후 5시, 느닷없이 상사가 저녁에 회식을 하자고 제안한다. 성과가 좋아 팀 전체를 격려하는 모임이고, 사장님도 참석하는 의미 있는 자리니 절대 빠지지 말라고 한다. 당신이 심청 커뮤니케이터라면 어떤 행동을 취할 수 있는가?

---

3. 당신은 40대 중학교 선생님이다. 학생들이 당신과는 세대 차이가 나서 말이 통하지 않는다고 한다. 당신이 심청 커뮤니케이터라면 어떻게 해결하겠는가?

실천 Tip 우선순위 정하기

　우리가 하고 싶은 일, 해야 할 일은 언제나 자원보다 넘쳐난다. 일의 우선순위를 정해서 중요한 일부터 하는 것은 목표를 달성하기 위한 방법이다. 멀티태스킹은 인간에게 해당하는 것이 아니다. 인간은 한 번에 한 가지씩 집중할 때 최고의 성과를 낸다. 중요한 것을 먼저 할 수 없다면 결국 일에 끌려다니다가 인생을 마감할 것이다. 모든 일에는 타이밍이 있다. 타이밍이란 일과 인생에서 가장 중요한 요소다. 우리가 가진 최고의 자원은 시간이기 때문이다.

　우선순위를 결정하는 데 핵심은 분석이 아니라 용기다. 드러커가 제시하는 우선순위를 선정하는 데 고려해야 할 사항을 참고하라.

　첫째, 과거가 아니라 미래를 판단 기준으로 선정한다.
　둘째, 문제가 아니라 기회에 초점을 맞춘다.
　셋째, 지금 세상에서 인기 있는 것에 편승하지 말고, 자신의 독자적인
　　　　방향을 선택하라.
　넷째, 무난한 목표보다 좀더 높은 혁신을 주는 목표를 선택하라.

　일은 세분화할수록 중요한 것이 잘 보인다. 할 일 목록에서 각각의 일을 세분화하여 정리하면 무엇이 중요한지, 무엇을 먼저 해야 할지 더 잘 보인다. 어려운 것은 하지 말아야 할 일을 결정하는 것이다. 이는 용기가 필요하다.

Step 7
반드시 실행하라

1

질문과 요구

권리와 책임의 원천

인간을 동물과 다른 지성 생명체로 존재할 수 있게 한 도구가 언어다. 인간이 동물처럼 몇 가지 소리만 낼 수 있는 생명체라면 지구가 오늘날과 같이 발전하지 못했을 것이고, 침묵이 세상을 지배한다면 원시생활과 다름없는 환경에 처할 테니 인간의 멸종도 각오해야 할 것이다. 자유인을 추구하는 사람이라면 말을 가려서 하고, 상대에게 묻고 요구할 수 있어야 하며, 이는 자신뿐만 아니라 상대에게도 적용해야 한다. 이것이 요구asking다.

혼자 세상 짐을 다 지고 갈 필요 없다. 당신이 지지 않아도 될 짐은 다른 사람에게 넘기거나 폐기해야 한다. 요구하는 것은 자신을 속이지 않기 위함이다.

'권리 위에 잠자는 자는 아무도 그 권리를 지켜줄 의무와 책임이 없다.' 인간답게 살 권리, 자유인으로 살 권리는 내가 선택하고 만들어나가는 것이지 타인이 주거나 보장되는 것이 아니다.

권리를 포기하는 대표적인 예가 공직 선거에서 투표하지 않는 투표권자다. 육체적·정치적·경제적 약자일수록 선거에 적극적으로 참여해서 요구해야 하지만, 현실적으로는 실행하지 않는다. 지금보다 잘 먹고 잘 살기 위해 자기 대신 국가를 경영해줄 대표자를 뽑는 일인데, 무관심과 불참으로 일관하여 불이익을 당한다.

먹고살려면 일찍 나가서 늦게 들어와야 하기 때문에 투표소에 갈 시간이 없다는 것은, 벌목하는 사람이 톱날 가는 시간을 투자해야 하는데 나무 벨 시간도 모자란다고 잘 들지 않는 톱으로 벌목을 계속하는 것과 같다. 누가 뽑혀도 똑같다는 말은 사실이 아니다. 누가 선출되는가에 따라 사회 구성원과 자신의 인생이 크게 영향을 받는다.

세상에서 주인으로 행세하는 사람은 자신과 타인에게 요구를 많이 하는 사람이다. 이미지 좋은 사람이 되고 싶어서, 상대를 배려한다고, 용기가 부족해서, 인간관계를 다치게 할까 두려워서, 마음이 약해서 꼭 해야 할 요구를 하지 못하는 사람은 조연으로 산다. 인생이란 무대에서 주인이자 감독은 자신이고 대역은 없다.

요구는 자신과 타인을 위해 마땅히 취해야 할 행동이지, 이기적인 태도로 타인에게 강요하는 것이 아니다. 요구하지 않으면 타인이 나를 이해하지 못하고, 나 또한 타인을 이해하지 못한다. 문제를 해결하지 못한 채 안고 사는 것이다. 인생이란 문제를 발견하고 해결하는 과정이다. 행복하고 싶다면 가정이나 조직에서 상대에게 요구할 수 있어야 한다.

요구는 책임과 행동을 동반한다. 결혼한 사람이 아내에게 바라는 것을 요구할 때는 아내의 응대에 따른 결과에 자신이 책임을 진다는 전제가 포함된다. 사회조직에서 구성원이 회사에 어떤 요구를 하면 회사는 그 요구를 받아들이는 대신 그 사람에게 합당한 책임을 요구한다. 요구는 상호 욕구를 이해하는 수단이고, 의사소통을 활발하게 하는 도구다.

해야 할 요구를 포기하는 사람은 자기 인생의 주인임을 포기하는 사람이고, 요구를 포기하는 것은 어떤 결과도 불만 없이 감수하겠다는 선택이다. 책임을 두려워하지 말고, 책임을 스스로 만들고 받아들여 자기 인생의 주인이 되어야 한다.

간청

우리는 자신이 상대보다 약자라고 생각할 때 간청begging한다. 상대가 내게 도움을 줄 수 있다고 기대하기 때문이다. 살면서 간청하지 않을 수 있는가? 두 살배기 아이가 열이 펄펄 나서 혼절한 상태로 응급실에 데려가면 의사를 보자마자 "제발 살려주세요"라고 하지 않겠는가? 이런 부모를 간청한다고 비난할 수는 없다. 그런데 자신을 포함하여 주위를 돌아보자. 일상에서도 간청하는 것이 습관이 된 사람들이 제법 많다.

독립된 인격체고 자유인이라면 자기 자신이나 목숨처럼 사랑하는 사람의 목숨을 구하기 위한 경우 말고는 간청해서는 안 된다. 세계사에서는 목숨조차 구걸하지 않는 자유인이 한두 명이 아니다. 소크라테스는 목숨과 자신의 신념(진실)을 바꾸지 않았고, 안중근 의사 역시 자기가 해야 할 일을 했을 뿐 개인적 원한에 따라 이토 히로부미伊藤博文를 살해한 것이 아니라는 신념으로 목숨을 구걸하지 않았다. 그들은 한 인간으로서 자유의지에 따른 인격 수호가 목숨보다 중요하다고 믿은 사람들이다.

요청

요청requesting은 자신이 상대와 동등한 관계라고 생각할 때 하는 것이다. 아무런 이해관계가 없으며 상대에게 기대도 하지 않고, 상대가 생각이 다르면 자신의 요구를 받아들이지 않아도 되는 경우에 요청한다.

친구에게 산에 같이 가자고 했는데 다른 약속이 있어 갈 수 없다고 하면 그것으로 그만이지, 그에 따른 실망이나 미움과 같은 감정 변화가 생기지 않는다. 실망이란 기대가 있을 때 생기는 것이므로 기대하지 않는 자유를 누리면 실망도 없다.

요구

자신이 권리의 주체자로 상대에게 무엇을 해달라고 말할 자격이 있을 때 요구한다. 주민이 필요한 공공 서류를 발급받기 위해 주민센터 민원실에 가서 요구하는 것은 자신의 권리이므로, 해당 공무원은 두말없이 발급해줘야 한다. 그러나 그 공무원이 신분 증명을 위해 주민등록증이나 운전면허증을 요구하는 것은 그의 권리며, 주민은 제시해야 한다.

요구는 자기 권리의 요구인 동시에 그에 따른 책임을 동반

한다. 요청은 권리와 무관한 일이며 책임도 수반하지 않으나, 필요의 주체이며 기대하는 마음이 있기 때문에 동등한 위치에 서기 어렵다.

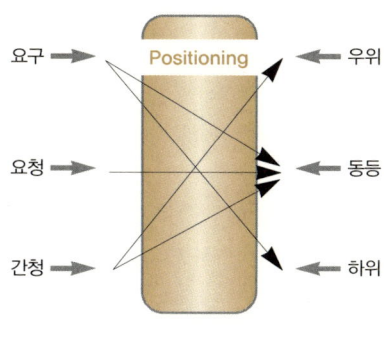

상대 관계의 3가지

2

적극적 긍정

현실적 낙관주의가 적극적 긍정이다

적극적 긍정 positive mental attitude 사고의 최대 효과는 도전과 극복이다. 사람들은 평생 사는 동안 크고 작은 희로애락의 파동을 피할 수 없다. 슬픔을 당해보지 않은 사람은 기쁨이 어떤 것인지 알기 어렵고, 아이를 낳아보지 않은 여자가 출산의 아픔과 기쁨을 공감하기는 불가능에 가깝다. 자기 몸으로 체험한 사람만이 무엇이든 그 실체를 알 수 있다.

적극적 긍정 사고는 현실적 낙관주의다. 무한 낙관주의를 표방하는 사람은 일어나는 사건에 현실적 시각보다 자신이 원하는 결과를 기대한다. 무한 낙관주의는 기대를 포함하기 때문에 실망할 때가 많고, 자신이 바라는 대로 결과가 나오지 않을 경우 기대의 반작용으로 희망을 버리기 쉽다. 현실적 낙관주의는 인생에서 불가피하게 마주치는 상황이 아무리 힘들고 어려워도 도망치지 않고 극복하겠다는 의지와 열정이며, 기대와 실망 사이에서 냉정하고 담담한 태도에 초점을 맞춘다.

머리가 좋은 사람이라는 말의 참뜻은 고난을 극복할 능력이 있는 사람이라는 것이다. 적극적 긍정 사고는 철저하게 현실에 바탕을 두고 근거 없는 기대치를 배제한 생각이다. 긍정적 사고가 습관이 되면 어려움을 있는 그대로 받아들이고 극복할 방안을 모색하며, 그에 따라 행동하고 희망을 버리지 않는다. 그러나 현실을 그대로 보지 못하면 현실을 부정하는 것일 뿐, 긍정적인 사고가 아니다.

적극적 긍정 사고는 콩을 심고 가꾸면 반드시 콩이 난다는 믿음이다. 해답의 발견은 현실의 분명한 이해와 인정에서 시작된다. 치유하기 까다로운 병에 걸렸을 때 과학적 검사 결과에 따라 병에 걸린 것을 인정하고, 지금까지 치유한 사례와 검증 결과를 보고 최선책을 모색하는 것이 적극적 긍정 사고다. 현대인의 병이라고 해서 현대 의학이 유일한 해결책이라고 생각하지 않는다. 적극적 긍정 사고는 현재와 과거를 넘어 증명된 사례를 연구하고, 검증된 방법을 시도하는 것이다.

외국계 의료 관련 기업 존슨앤드존슨의 한국 법인을 책임지고 있는 정병헌 사장은 구성원의 자발적 동기와 협력을 이끌어내는 것은 카리스마와 지위가 아니라 겸손과 적극적 긍정 사고를 바탕으로 하는 따뜻한 리더십이라며, 이를 기업 문화로 정착시켰다. 이 가치관을 조직에서 꾸준히 실천하고 솔선수범한 결과, 경영 성과는 시장점유율 1위와 지속 성장으로 나타났다.

적극적 긍정 사고의 효과는 스스로 마음을 열게 안내하고, 반드시 성과로 반영된다. 자유인을 바라는 자기 경영자는 적극적 긍정 사고가 습관이 된 사람이다. 적극적 긍정 사고를 습관으로 만드는 세 가지 방법이 있다.

① 가능한 한 긍정적인 언어를 사용한다
행동은 사고에서 출발하여 감정으로 작동된다. 언어는 사고의 반사경이다. 거울에 자신의 모습이 항상 부정적으로 비친다면 적극적 긍정 사고를 할 수 없을 것이다. 사고도 습관이기 때문이다. 언제나 웃는 모습을 유지하려면 거울을 보고 웃는 연습을 반복해야 하는 것과 같다. 일상에서 긍정적인 언어를 자주 사용하려고 노력해야 한다.

② 모든 문제에는 어떤 형태든 해답이 있다고 인식한다

학교에서는 정답을 찾기 바라지만, 세상에는 오답과 정답, 해답이 있다. 우리가 찾아야 할 것은 해답이지 정답이 아니다. 시험은 객관성을 유지하기 위해 정답을 정해놓고 수험자가 오답 대신 정답을 제시하기 바라지만, 인생 경영은 알 수 없는 무한 변수와 협력이다. 걷다 보면 한길만 있는 것이 아니라 다양한 길이 나타나고, 스스로 길을 만들어갈 수도 있다.

③ 다른 것이 정상이라고 이해하고 받아들인다

인간의 피부색은 여러 가지다. 백인만 인간이라고 하지 않듯이 흑인과 황색인도 인간이라 부른다. 자연 자체의 본질이 다양성이다. 모습이 똑같은 사람이 없듯이 성격이 똑같은 사람도 존재하지 않는다. 적극적 긍정 사고를 방해하는 것 가운데 하나가 획일적 사고다. 특정 종교만 유일한 종교이며 그 종교를 믿어야 천국에 갈 수 있다고 주장하는 것이나, 변호사 시험을 통과한 사람만 변호사가 될 수 있다고 하는 제도의 획일성도 적극적 긍정 사고를 방해한다.

현대사회에서 전문직에 종사하는 사람은 모두 기술자다. 의사는 의료 기술자, 판검사와 변호사는 법률 기술자, 회계사는 회계 기술자일 뿐이다. 자기 영역을 표시하고 타인이 들어오지 못하게 제도화해서 막아놓는 것이 공정 사회의 최대 장애물이고, 행복한 사회로 가지 못하는 원인이다.

전문가라는 선입관에 매몰되어 얼마나 많은 사람이 과도한 비용을 지불하고 피해를 당하는지 모른다. 한국의 전통 의술인 침과 뜸만 해도 허가받은 한의사 외에는 시술할 수 없다. 제도권에서 인증서를 받은 사람만이 전문가는 아니며, 그들이라고 해서 모두 완벽한 사람은 아니다. 적극적 긍정 사고는 이와 같은 편견과 집착에서 벗어날 때 가능하다. 그 분야에서 성과를 증명한 사람은 모두 전문가다.

실패의 긍정

실패란 행동의 피드백일 뿐이다. 실패 자체란 없다. 반복되는 피드백으로 더욱더 지혜롭고 강해진다. 헨리 포드는 "실패는 더 똑똑해지는 기회"라고 했다. 프랑스 심리학자 에밀 쿠에는 모두 행복해지는 일은 반드시 성공하며, 입버릇처럼 말하는 것은 자율신경계에 자동으로 입력하는 것인데, 인간의 몸은 입력된 그대로 실현하기 때문에 좋은 경험을 맛보기 위해 비숱한 상황을 만들어내려 한다고 했다.

  사람은 저마다 사고 패턴이 있다. 사고도 습관의 한 가지인데 알 수 없는 상황을 언제나 부정적으로 보는 경향이 있는 사람은 그 반대 방향으로 생각하려고 노력해야 한다. 생각의 관성 법칙에 맞서는 일이라 힘겹고 잘 안 되겠지만 반복하고 반복하라. 반복의 임계질량이 관성을 넘어서는 순간, 마침내 생각의 습관이 바뀐다.

③

더 나은 선택

선택과 포기의 반복

인생이란 죽기까지 선택과 포기를 반복하는 과정이다. 결국 제한된 시간의 무대에서 벌어지는 선택과 포기의 파동이다. 하루에도 수십 번 선택과 포기가 일어난다. 또 모든 사건에는 최적 선택의 기회가 존재한다. 그 기회를 잡지 못하는 것은 사고의 습관 때문이다.

사회에서 흔히 볼 수 있는 것이 사람에 대한 편견이다. 주위에서 아무리 말려도 내가 좋아하는 사람의 단점은 보이지 않는다. 이것은 인생의 결정적 사건인 결혼 문제에서도 빈번히 일어난다. 부모는 자신의 경험과 지식을 바탕으로 자녀의 배우자 선택에 동의하거나 반대한다. 자녀 역시 자신의 경험과 지식에 따라 선택하지만, 그보다 감정이 앞서는 경우가 많을 수밖에 없다. 20대는 감정이 이성보다 활성화된 개화의 시기다. 감정이 기울어진 상태에서는 배우자를 선택할 때 부모의 의견을 듣지 않는다.

자식 이기는 부모가 없다는 말이 있듯이, 스무 살이 넘은 자식을 이기는 부모는 드물다. 눈에 보이는 것이 생각하는 것보다 앞서 판단을 이끌다 보니 부모가 극구 반대해도 자기 뜻대로 배우자를 선택한다. 인생을 알 만큼 세월이 흐른 뒤에 부모가 왜 그토록 반대했는지 깨닫지만, 세월을 돌이킬 수는 없다. 자신의 잘못된 판단과 선택에 따른 짐을 다른 사람이 덜어줄 방도는 없다.

더 나은 선택을 하려면 첫째, 선택해야 할 대상에 대한 정보를 충분히 확보해야 한다. 잘 알아야 하는 것이다. 알려면 추측을 철저히 배제하고, 사실을 바탕으로 연구하고 탐구해야 한다. 둘째, 선택에 따른 가상 결과에 후회하지 않을 확신이 있어야 한다. 셋째, 1안만 최선이 아니라 2안도 최선이 될 수 있다는 창의적 사고를 해야 한다.

조급한 마음은 나약함을 잠에서 깨우고, 급기야 비굴함까지 초대하여 내게 들어오는 행운을 차버린다. 나 역시 인생에서 조급함으로 좋은 기회를 놓친 경우가 한두 번이 아니다. 대안이 있을 수 있다는 가능성을 두고 1안을 확신하기 위해 성급하게 행동해선 안 된다.

  우리는 순간순간 선택과 포기의 담벼락을 걷는다. 한 번의 선택이 평생을 좌우한다는 광고 문안도 있었지만, 선택과 포기를 잘하는 것이 자유인 인생의 핵심이다. 행운은 우연히 제 발로 찾아온다. 예정된 행운이 찾아와도 받아들이지 못하는 사람이 있는가 하면, 얼핏 본 행운을 자기 것으로 만드는 사람이 있다. 누가 행운을 갖고 오는지 알 수 없기 때문에 매사 성심으로 대하는 것이 행운을 잡는 길이다.

  그러나 타인의 말을 곧이곧대로 믿을 수 없다. 사람들은 자기의 생각 상자에서 생각을 끄집어내 말할 수밖에 없다. 이것은 인간의 피할 수 없는 한계다. 같은 정보라도 기호에 따라 해석하고 편집하여 자기의 생각인 것처럼 말한다. 그 정보를 검증하기까지는 그에 따른 판단을 유보하고 4분의 1만 믿자. 4분의 1이라 한 것은 동서남북에서 인간이 주로 보는 것이 정면이기 때문이다. 나머지 4분의 3은 입증된 다음에 믿어도 늦지 않다. 인간은 사실을 확대해석 하고 전달하는 경향이 있기 때문이다.

성공의 삼박자

성공한 사람이 자신의 성공 비결이 유일한 해법이라고 고집을 피우는 것은 성공의 부작용이다. 실패한 사람이 그것이 아니라면 성공했을 거라고 확신하는 것도 실패의 부작용이다. 양자 모두 편견의 늪에 빠진 것이다. 드러커는 조직에서 전원 찬성은 올바른 결정이 아니며, 의견의 불일치가 있을 때 올바른 결정으로 이끌고 실행으로 연결된다고 했다. 성공은 무조건 실력이라고 주장한다면 세계 1위의 검증된 실력자가 언제나 1등을 하지 못하는 이유를 설명할 수 없다. 운도 실력이라고 하나 둘은 분명히 다른 요소다.

성공은 '운×실력×행동'으로 표현할 수 있다. 실력이 전혀 안 되는 경우에는 운이 아무리 좋아도 성공할 수 없고, 말만 열심히 하고 행동으로 옮기지 못하는 경우도 마찬가지다. 로또에 당첨되기 위해서는 적어도 로또를 사야 한다는 말이며, 성적을 받으려면 시험공부를 하지 않았다 해도 최소한 응시 원서는 제출하고 시험을 치러야 한다. 운과 실력이 기회와 만났을 때 성공이라는 결과가 나온다.

어떤 상황에 처하더라도 "되는 일이 없어" "나는 안 돼" "성공하기는 글렀어" 같은 부정적인 말은 하지 말자. 에너지 가운데 가장 강력하고 무서운 에너지는 '말'이다. 말 한 마디가 사람을 죽이고 살리는 일은 흔히 볼 수 있다.

"생각하는 대로 살지 않으면 머지않아 사는 대로 생각하게 된다." 폴 발레리의 명언이다. 인간은 무엇이든지 자기를 위해 선택할 수밖에 없다. 누가 크든 작든 도움을 청해서 당신이 도와주기로 했다면 그것은 당신을 위한 결정이지, 그 사람을 위한 결정이 아니다. 그렇게 하면 당신의 심적 부담이 사라지거나 그 결정이 가져오는 혜택이 있기에 선택하는 것이다. 자신이 불행해지거나 손실을 보는데도 그것을 선택하는 사람은 이 세상에 없다고 단정할 수 없으나, 극히 드물다는 것에는 모두 동의할 것이다.

불운의 행운

마쓰시타 고노스케는 세 가지 불운 때문에 성공할 수 있었다고 한다. 첫째, 집안이 가난하여 아홉 살 때부터 돈을 벌기 위해 허드렛일을 시작한 덕분에 세상의 경험을 몸으로 체득했다. 둘째, 타고난 몸이 약하여 언제나 운동으로 건강을 유지할 수 있었다. 셋째, 초등학교도 졸업하지 못하여 만나는 사람마다 가르침을 구했다. 그는 적극적 긍정 사고의 힘으로 불운을 행운으로 뒤집은 사람이다. 기업이란 이윤만 추구해서는 안 되며, 사회에 봉사한 결과 얻은 대가가 이익이 되어 돌아오는 것이라 했다.

용감한 자유인

구성원의 분명한 과오를 묵인하는 것은 의롭지 못한 리더십이다. 우리는 "사람 좋다"는 말보다 "그 사람 덕분에 내 인생이 더욱 발전했다"는 말을 들을 수 있는 리더십을 발휘해야 한다. 그래서 경영자는 냉정과 열정을 갖춰야 한다. 진짜 비겁한 사람은 타인에게 해를 끼치는 행동을 알고 보면서도 타인의 허물을 지적하지 않고, 자비라는 허울로 그를 감싸거나 묵인하는 사람이다. 용감한 자유인은 타인이 벼랑으로 달려가고 있다는 것을 알면 눈치 볼 것 없이 큰 소리로 일깨우는 사람이다.

"세상의 주인은 없다. 세상은 도전하는 자의 것이다." 세계 최초로 산악 그랜드슬램을 달성한 고 박영석 대장이 한 말이다. 자유인의 길은 평생 도전의 길이다. 누구나 도전할 수 있으나, 실패 후 닥치는 고난과 가진 것을 잃지 않을까 하는 두

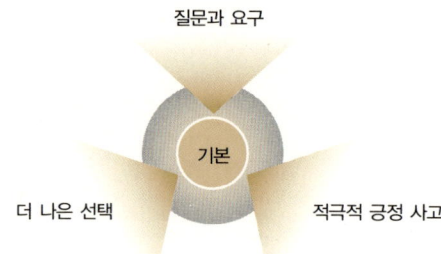

자기 경영자의 기본 행동력 3가지

려움이 발목을 잡기 때문에 아무나 도전할 수 없는 길이다. 안타깝게도 그는 2010년, 산에 묻히고 말았다. 하지만 그의 도전 정신은 지구에 영원히 남아 자유인의 귀감이 될 것이다.

사람은 사소한 사건으로 감정이 상한다. 한번 틀어진 감정은 바로잡기 어렵다. 마음의 상처는 시도 때도 없이 떠돌아다니다가 불쑥불쑥 튀어나온다.

의사 결정에 대한 질문 3가지

1. 동료가 자꾸 보고서의 마감 날짜를 어겨서 팀의 성과를 떨어뜨린다. 당신이 관리자라면 어떻게 하겠는가?

---

2. 당신은 어느 날 헤드헌터에게서 전화를 받았다. 아주 좋은 회사에서 연봉을 지금보다 30퍼센트 올려준다는데, 전직할 생각이 있는지 묻는 것이었다. 그곳은 시장 1위를 고수하여 누구나 가고 싶어 하는 글로벌 기업이다. 당신은 지금 회사에서 일한 지 5년 차로, 후배는 올라오고 동기들은 부장의 눈에 들기 위해 충성 경쟁을 벌인다. 당신은 어떤 의사 결정을 하고, 헤드헌터에게 어떻게 답할까?

---

3. 아이가 야구를 하다가 눈에 야구공이 맞는 사고를 당해서 응급실로 갔다. 부상이 심각하여 안구를 제거하는 수술을 해야 하며, 제거하지 않을 경우 안구를 보존할 수 있는 확률은 50퍼센트라고 한다. 당신이 부모라면 어떤 의사 결정을 내리겠는가?

실천 Tip　의사 결정 프로세스

　드러커는 "의사 결정은 판단하는 것이며, 행동을 요구하는 것"이라고 했다. 성과를 올리기 위해서는 의사를 결정하는 횟수가 적고, 중요한 의사 결정에 집중해야 한다. 일반적인 문제를 예외적인 문제의 연속으로 다루어 임시방편으로 처리하기 때문에 늘 실패하고 성과가 없는 것이다. 이를 방지하기 위해서는 일반적인 문제를 해결하는 원칙을 정하고, 불필요한 의사 결정을 방지해야 한다. 아래 의사 결정 프로세스를 적용하여 일상에서 의사 결정의 고민이 있을 때 활용해보자.

　첫째, 지금 의사 결정이 필요한가? (의사 결정이 필요 없을 수도 있다. 모든 일에 반드시 행동을 취해야 하는 것은 아니다.)
　둘째, 문제를 분류하라.
　셋째, 문제를 정의하고 재정의하라(흔히 문제의 정의가 초점을 벗어나는 경우가 많다. 문제를 재정의하는 과정을 통해 문제의 본질을 발견하고, 그것만으로도 문제를 해결할 수 있다).
　문제의 핵심은 무엇인가?
넷째, 무엇이 옳은가?
다섯째, 관련된 사람들이 반드시 참여하도록 하라.
여섯째, 결정을 행동과 연계하라.
일곱째, 결정한 것과 그에 따라 행동한 뒤의 실제 결과를 점검하라.

의사 결정 프로세스

Note

나를 관리하라

❶

생존 관리와 생존 부등식

생존 부등식

습관(習慣)이란 어린 새가 날갯짓을 연습하듯 매일 반복하여 익숙해진 것이다. 탁월함은 반복을 통한 습관에서 나온다. 우리의 첫째 사명을 거창하게 생각하지 말자. 우선 건강하게 오래 사는 것이다. 2011년 어느 신문에서 한국인은 100세까지 사는 것을 원하는 사람보다 그렇지 않은 사람이 많다는 조사 결과를 발표했다. 이것은 자유인의 문제다. 즉 100세에도 정신적으로 정상이고 육체적으로 혼자 활동이 가능하며, 경제적으로 의식주에 문제가 없는 사람은 더 오래 살고 싶을 것이다. 이 전제는 법인도 다를 바 없다.

생존의 의미와 방식을 가장 간결하게 표현한 것이 윤석철 교수의 생존 부등식이다. 생존 부등식은 1인 경영 기업인 개

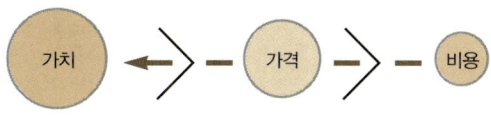

생존 부등식

인과 다수 구성원의 조직체인 기업(법인)에게 모두 적용된다.

먼저 자기 자신에게 적용해보자. 5만 원을 주고 산 손목시계가 한 달 만에 고장 났다면 아까운가? 백화점에서 500만 원을 주고 산 명품 시계가 한 달 만에 이상해졌다면 어떤가? 사람은 자신이 지불한 가격보다 느끼는 가치가 높을 때 만족한다. 1000만 원짜리 명품 가방을 사는 사람은 생산지가 어디든 브랜드 가치 때문에 큰돈을 지불하고 만족스러워한다. 그 가방을 들고 다니면 남들이 인정해준다고 믿기 때문이다. 자신보다 남들의 인정이 가치 있다고 생각하는 것이다. 그 인정이 인격과 전혀 관계가 없는데도 말이다.

명품 브랜드를 취급하는 사람은 명품에 대한 애착이 사라진다고 한다. 이것은 명품 회사의 매니저가 말한 본인의 감정이다. 가치란 희소성의 관점이며, 지극히 개인적인 것이다.

알기 쉬운 기업 활동의 예를 보자. 기업의 입장에서는 생산 비용보다 가격이 높아야 그 차이를 기업의 수익으로 확보하여 생존할 수 있다. 고객은 상품이나 서비스를 구입할 때 자신이 지불하는 가격보다 가치가 높아야 만족하고, 그 기업의 상품이나 서비스를 재구매할 것이다. 가격과 같은 가치를 교환한 고객이라면 그다지 만족하지 못할 것이다.

당신이 가장이라면 가장으로서 책임과 가치가 있다. 당신의 가치가 가족이 생각하는 기대치보다 낮으면 가장의 지위가 위태로워진다. 현대사회에서 이혼이 급증하는데, 많은 경우 돈이 원인이다. 돈 많은 상대를 싫어할 사람은 없다. 돈은 인간의 무한 욕망을 채워줄 수 있는 수단이기 때문이다. 돈으로 살 수 있는 것이 점점 많아지는 것이 현대사회의 현실이다.

돈이 문제다

통계청의 조사 결과에 따르면 2006년 이후 한국 사람들은 직업을 선택하는 데 첫째 조건으로 '돈을 얼마나 벌 수 있는가'를 꼽는다. 직업의 안정성이나 장래성은 그다음이고, 보람과 자아 성취는 오히려 낮아지는 경향을 보인다.

당신은 회사의 전문 경영인이다. 그러나 회사의 대주주가 볼 때 당신에게 지불하는 총비용은 당신의 가격이다. 당신이 그 이상의 가치를 발휘하여 회사에 성과로 돌려주지 못하면 해고될 수밖에 없다. 주인을 제외하고 회사의 모든 구성원이 생존 부등식의 기준에서 벗어날 수 없고, 결국 주인조차 예외는 아니다.

사실을 인정하라

당신은 영어를 잘 못하고, 학벌도 변변치 못하다. 직장에서 상관이 당신에게 학벌이 별로고, 영어도 제대로 못한다고 핀잔을 준다고 하자. 기분 나쁜가? 당장 사표를 던지고 싶지만 목구멍이 포도청이라 참는가? 기분 나쁘다면 그것은 당신의 선택이지 그의 결정이 아니다. 그가 의도적으로 그런 말을 했다고 해도 그는 당신의 감정을 통제할 권한과 능력이 없다.

현실로 눈을 돌려보자. 학벌이 변변치 못하고 영어도 잘 못하는 것이 사실이라면, 상관이 당신에게 사실대로 얘기하는데 무엇이 기분 나쁜가? 요즘에는 사실을 얘기해도 "어떻게 인간이 그럴 수 있나" "교양이라고는 털끝만큼도 없는 놈"이라고 비난하는 사람이 많은데, 나는 그것이 교양과 아무런 관계가 없다고 생각한다. 사실을 왜곡하고 마음에 없는 말을 하는 것이 교양 있는 태도는 아니다.

개인적인 문제를 자신의 느낌이나 생각대로, 사실대로 말하는 것을 비난할 수는 없다. 사람들은 사실을 말하는 것을 두려워하고, 거짓이라도 당장 내 눈앞에서 아첨하거나 의도된 칭찬을 하는 것을 환영한다. 사람들이 사실을 사실대로 말하지 못하는 것은 인간관계가 손상되고, 자신의 좋은 이미지가 나빠질까 두려워서다. 결국 자기의 이익에서 바라보기 때문이다. 자유인이라고 해서 그런 행동을 권하는 것이 아니다.

당신이 현명한 자유인이라면 그런 상황에 직면했을 때 상대의 말을 그대로 받아들여 열심히 영어 공부도 하고, 야간대학이나 사이버 대학이라도 다녀서 능력을 길러야겠다는 생각이 들어야 한다. 반대로 기분 나쁘다고 저녁에 상관을 성토하면서 분노를 술로 달래면 하수다. 그런 사람은 인생에서 노예 상태를 면할 길이 없다.

❷
욕망 관리와 성공 부등식

욕망 관리는 자유인의 제1원칙

인생이 뜻대로 되지 않는 것은 젊었을 때 뜻을 제대로 세우지 못한 탓이라고 공자가 말했다. 인간 발전의 원동력은 욕망의 플러스 작용이다. 모든 것에는 양이 있으면 반드시 음이 있듯이, 욕망의 마이너스 작용이 탐욕이다. 평소에는 잠들어 있다가 욕망이 도가 지나쳤을 때 본능적으로 드러난다. 욕망의 플러스 작용이 만족이다. 질주하는 탐욕이 절벽에 이르기 전에 유일한 브레이크가 만족할 줄 아는 마음이요, 탐욕이 절벽에 이르러 추락하기 전에 날개를 달아주는 것이 나눔과 배려다. 자신의 경제적 능력인 재물, 육체적 능력인 체력, 정신력 능력인 지식(기술) 등을 타인에게 제공하는 것이다.

우리가 추구하는 욕망이 자신의 욕망인가, 타인에 의해 유혹된 욕망인가, 아니면 자신은 욕구가 전혀 없는데 상대적 욕망이 생긴 것인가? 가치와 일치하는 욕망은 욕구로 전환된다. 그러나 가치 없는 욕망은 허영의 원천일 뿐이다. 욕망은 백사장에서 모래를 한 움큼 쥐고 있는 셈이다. 말랐을 때는 손에 남지만, 파도가 밀려와 바닷물에 잠기면 손바닥에 남는 모래는 몇 알 되지 않는다. 우리가 절실하게 찾아야 하는 것은 눈에 보이는 상품이나 겉치레 같은 욕망이 아니라, 마음의 평온이다. 하루에도 몇 번씩 마음의 평온을 욕망과 바꾸는 사람들은 노예 생활에서 벗어나기 힘들다. 주인이 되려면 유혹의 욕망을 극복해야 한다. 그 길이 참 자유인의 선물이다.

변호사가 돈을 많이 벌려면 돈을 많이 주는 고객을 확보해야 한다. 죄가 중하고 불리할수록 수임료와 성공 보수가 높다. 억울한 피의자나 인권 피의자는 돈벌이가 되지 않는다. 법률 기술자인 변호사가 양심을 지키고 살려면 이런 사건은 피해야 하지만, 부자로 살고 싶다면 어쩔 수 없다. 이는 선택의 문제며, 선택의 자유는 자신에게 있다. 나와 오랜 친구인 건국대 법학과 황도수 교수는 이런 문제로 고민하다가 돈을 포기했다. 지금은 대학교수로 학생들을 가르치고 원하는 연구를 하며 행복하게 지낸다.

의료 기술자는 어떤가. 양심적인 의사라면 환자와 국가 입장에서 하지 말아야 할 의사 결정과 그에 따른 수술은 하지 않아야 한다. 그러나 병원이라는 기업이 돈을 많이 벌려면 방문 고객을 상대로 불필요한 고가 검진을 권유하여 '검진 투어'를 하도록 하고, 불필요한 고가 수술을 집행해야 한다. 항암제를 투여할 필요가 없는데도 최후 수단이라는 논리로 고가의 항암제를 투여해야 돈이 된다. 제약 회사에게 접대를 받은 이상 그에 상당한 보상을 해주어야 하지 않는가. 의료 기술자로 진단 방사선과 전문 병원을 운영한 오랜 친구 K 원장은 버티다 못해 병원 문을 닫았다. 정상적으로 운영해서는 비용을 감당할 방법이 없었기 때문이다. 세상에 공짜가 어디 있나.

욕망 관리desire control의 출발점은 소유에서 탈출하는 것이다. 지금 소유한 하나하나가 자신에게 진정한 행복을 주는지 따져 보라. 집착에서 탈출하면 자유로워진다. 자유인의 첫째 계명은 폐기하는 자유를 누리는 것이다. 드러커는 체계적 폐기가 혁신의 출발이라 했다. 왜 내게 행복을 주지 못하는 것에 집착하여 소유하려고 애쓰는가. 심리학자 카를 융은 "인생의 아침 프로그램에 따라 오후를 살 수는 없다. 아침에는 위대하던 것들이 오후에는 보잘것없어지고, 아침에 진리였던 것이 오후에는 거짓이 될 수 있기 때문이다"라고 조언했다. 과거에 알지 못했다면 깨달은 지금 그런 선택을 반복할 필요가 없다(리처드 J. 라이더·데이비드 A. 샤피로, 《인생의 절반쯤 왔을 때 깨닫게 되는 것들 : 자신을 위한 삶의 우선순위를 다시 정하는 법》).

우리는 풍부한 것은 가치를 인식하지 못한다. 가장 흔한 공기도 숨이 막히는 상황에 닥쳐야 중요성을 깨닫는다. 24시간 행복한 사람이 행복의 가치를 안다고 할 수 있을까? 우리는 불행을 당한 뒤에야 지나간 행복의 가치와 고마움을 깨닫고, 바로 그때 어느 것이 자신에게 행복이었는지 알 수 있다. 가치 있는 것은 대부분 희소성의 원칙이 적용된다. 나의 자유는 나를 둘러싼, 나와 긴밀하게 연계된 사람들의 영향을 받는다. 그러므로 내가 자유인이 되려면 타인에게 자유인이 되도록 도움을 주어야 한다. 잡초가 무성한 곳에서 아름다운 꽃은 남아 있기 어렵다. 있다면 그 꽃은 외로움에 곧 시들 것이다.

집착을 버리고 한 걸음 물러서면 마음이 평온해진다. 우리가 바라는 피안의 땅에서는 몸과 마음이 편안해진다. 크게 지혜로운 사람은 결국 어리석은 사람과 한가지다. 누구에게나 천부적 재능이 부여된다. 자유인은 타고난 재능에 노력을 쏟아 실력을 확보하고, 기회와 운이 다가왔을 때 잡는다.

윤리를 폐기하면 보복이 따른다

세계가 인격 파탄의 위기에 근접하고, 부끄러움을 모르는 인간들이 활보하는 사회가 되었다. 양심 자본주의가 보편화되기까지 이런 경향은 더 강해질 수밖에 없다. 그러나 자유인이라면 이런 저급한 속성에서 탈출해야 한다. 당당하면 두려울 게 없고, 두려울 게 없으면 하고 싶은 것을 못 할 이유가 없다. 하고 싶은 것을 신나게 할 때 자유인의 문이 열린다.

당신은 양심을 속인 부자보다 양심을 지킨 부자를 원할 것이다. 양심을 속이면 항상 불안하여 문이 잠겼는지 수시로 확인해야 한다. 양심을 지키면 마음의 문단속이 필요 없으니 걱정할 필요가 없다. 사기는 나쁜 사람의 나쁜 마음에서 비롯되지만, 사기를 당하는 사람도 책임이 있는 것은 욕심과 집착으로 사기에 동조했기 때문이다. 욕심이나 집착이 없는 사람은 사기 당할 일이 생기지 않는다. 사기꾼의 동기와 당하는 사람의 동기는 대부분 돈과 권력이 연관된 것이다.

기업에서도 자신이 원해서 고급 술집에 가면서 고객을 접대한 것으로 부하 직원에게 경비 처리를 지시하는 사장이나 관리자가 허다하고, 고객으로 대우해야 할 대리점에게서 정기적으로 돈과 접대를 받는 것에 익숙한 사장이 한둘이 아니다. 그렇게 하지 못하는 사람을 오히려 능력이 부족하다고 평한다. 이 사회는 부끄러움과 겸손보다 뻔뻔함과 오만함이 생존력이 강하고, 적극적인 사람이라는 가면으로 위장하여 인정받는 곳으로 변했다. 권력과 재물을 위해 도덕과 양심을 우습게 여기는 곳으로 몰락했다. 윤리는 모든 조직의 성과에 큰 영향을 미친다. 윤리가 무시되는 개인과 조직은 결국 파산한다.

성공 부등식

사람들은 돈이 있을 때는 놀 시간이 없고, 놀 시간이 많으면 돈이 없거나 어울릴 친구가 없다. 이런 상황을 만들고 제어하는 것이 모두 욕망 관리에서 비롯된다. 욕망 관리는 자유인이 되기 위한 필수 조건이다. 욕망 관리의 본질은 무조건 욕망을

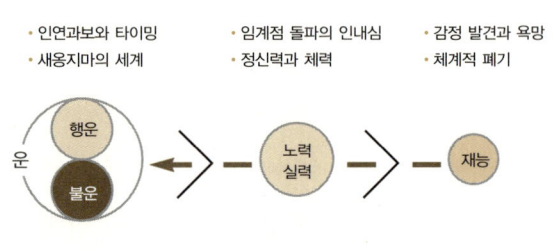

성공 부등식

줄이는 것이 아니다. 인간은 욕망이 없으면 발전할 수 없다. 욕망 관리란 현실과 이상의 평균대에서 균형을 잡는 것이다. 이 균형 잡기에 실패하는 것이 노예의 삶이요, 욕망 관리에 성공하는 것이 자유인의 삶이다.

재능을 발견함으로써 강점에 집중하고 하지 말아야 할 일, 할 필요가 없는 일을 폐기하여 자원을 확보해야 한다. 강점을 강화하는 노력이 실력으로 드러나고 기회와 만났을 때 운이 작용한다. 드러커는 경영자라면 원하는 바를 이루기 위해 "어떻게 해야 하는가" 묻지 말고, 그것을 이루기 위해 "무엇을 해야 하는가" 물어야 한다고 했다.

습관 극복의 비결은 동기

인격은 생각과 말, 행동의 습관이다. 그래서 인격을 업그레이드하려면 습관을 바꿔야 한다.

한국의 식품 산업을 주도하는 중견 그룹 풀무원홀딩스의 남승우 회장은 오전 6시 30분이면 사무실에 도착해 업무를 시작한다. "나는 대학 시절 새벽형 인간은커녕 아침에 못 일어나서 지각하고 결석한 날이 한두 번이 아니에요."

이런 분이 어떻게 새벽형 인간이 되었을까? 남 회장은 군 복무 기간에 습관이 바뀌었다고 한다. 매일 어쩔 수 없이 새벽 기상을 반복하다 보니 습관이 되었다는 것이다. 사회생활에 복귀해서도 새벽형 인간의 습관을 바꾸지 않고 그대로 유지할 뿐이라는 얘기다.

 습관은 강력한 동기로 바꿀 수 있다. 목에 칼을 들이대고 습관을 바꾸라는데 나는 절대 못 바꾼다고 버틸 사람은 없다. 핵심은 강력한 동기고, 이 가운데 하나가 책임이다. 이런 동기를 발굴하려면 생각해야 한다. 인간 생활은 무한 변수를 상대로 하는 1대 무한의 게임이다. 이 때문에 이 생각 저 생각 하다가 잡생각에 이르는데, 이런 생각의 분산을 정리해주는 것이 일기다. 그래서 인격을 관리하는 기초는 일기다.

3

방향 관리

비행기 방향도 95퍼센트 바뀐다

우리가 목표를 가지고 어떤 물체를 움직여야 할 때 힘보다 방향이 중요하다. 로켓을 단 우주선은 보통 여객기의 속도인 시속 900킬로미터를 넘어 2만 킬로미터로 날 수 있다. 뉴욕에서 출발하여 런던에 가야 하는데, 반대 방향으로 날아간다면 초음속이 쓸모없다.

자유인의 세계는 누구나 가고 싶어 하는 유토피아가 분명하지만, 매일 방향을 잡고 가는 사람만 그곳에 이른다. 여객기는 출발에서 도착까지 95퍼센트 이상 조종사가 본래 비행경로를 유지하기 위해 방향을 조정해야 한다. 비행에 영향을 주는 지구의 자전과 환경 변화 때문이다.

비행보다 중요한 인생은 더 많은 변수와 부딪히는데, 매일 인생 항로의 방향을 조정하는 사람은 드물다. 인생에서 방향을 조정해주는 도구가 하루를 돌아보는 일기다. 산에 오르다 길을 잃으면 지나온 길을 돌아가거나 제일 높은 꼭대기로 올라가는 두 가지 방법이 있다. 일기는 길을 잃지 않기 위해 간간이 멈춰 숨을 돌리며 지나온 길을 돌아보고, 정상 도달이라는 목표를 유지하는 방법이다. 드러커는 훌륭한 경영자가 할 일은 성과가 적어도 올바른 일을 바르게 하는 것이라고 했다. 올바르지 못한 일을 열심히 하는 것은 최악이다.

목표의 본질은 방향

목표는 내용이 중요하지만 방향이 본질이다. 목표는 잠재 능력을 깨우는 부싯돌이다. 지그 지글러도 목표가 있을 때 잠재 능력이 깨어난다고 했다. 구체적인 목표가 있을 때 열정이 솟아날 통로가 마련된다.

10대에는 세상을 휘두를 듯 큰 꿈으로 시작하지만, 20대가 되면 직장을 구해야 하는 경쟁 환경에 들어가면서 원대한 꿈을 축소하고, 30대에 접어들면 보다 현실적인 사람으로 바뀌어 목표를 더 낮춘다. 40대에 들어서면 해고되지 않을까 염려하고, '젖은 낙엽' 전략으로 어떻게든 자리를 보전하여 정상적인 퇴직을 바라며, 삶의 목표는 거의 잊어버리기 시작한다. 50대가 되면 해고되는 사람도 많고, 미래보다 과거에 집착한다. 세상이 내 뜻대로 되지 않는다는 걸 알면서 이상과는 더욱 멀어지고, 현실과 가까운 친구가 된다. 60세에 가까워지면 꿈과 희망을 완전히 잊어버리고, 하루 세끼 먹을 수 있으면 행복하다고 자위하는 삶으로 전락한다.

지식 사회의 미래를 간파한 드러커는 40대 초반에 50대 후반의 플랜 B를 준비해야 한다고 했다. 또 자신이 말한 대로 실천하여 95세에 세상을 떠날 때까지 저술과 강의로 자유인의 삶을 만끽하면서 사회에 공헌했다.

선수가 아니라 심판

한 번뿐인 인생을 이렇게 보낼 수는 없지 않은가. 그래서 우리가 가야 할 방향은 선수가 아니라 심판의 자리며, 자유인의 길이어야 한다. 많은 사람들이 주어진 심판의 자리를 두고 선수가 되려고 다툰다. 선수는 하이라이트를 받지만 심판은 음지에 있기 때문일 것이다. 그런데 잘 생각해보자. 선수는 수명이 있지만 심판은 체력이 되는 한 일할 수 있다.

  인생은 지속 생존의 마라톤이다. 당신은 1조 원을 남기고 50세에 요절하는 인생과 남길 재산이 없어도 80세까지 건강한 인생 가운데 어느 것을 택하겠는가? 드러커는 1937년 영국이 대공황 시대임에도 불구하고 자신의 길을 가기 위해 직장을 그만두고 더 어려운 불황이 기다리는 미국으로 이주했으며, 하버드대학에서 네 번이나 교수직을 제의받았지만 자신의 가치관과 원칙에 어긋난다 하여 거절하고 차선책을 택한 사람이다.

자기 관리에 대한 질문 3가지

1. 당신은 지금까지 살면서 가장 행복한 시간이 언제였으며, 그때 무슨 일로 그렇게 행복했는가?

---

2. 당신의 욕망은 무엇이며, 그 개별 한계는 어디까지인지 모두 적을 수 있는가?

---

3. 다른 사람들 말에 따르면 당신은 사소한 일에도 쉽게 화를 내는 성격이다. 당신이 화내야 하는 근본 원인은 무엇이라고 생각하는가? 당신은 이런 성격을 바꿀 수 있는가?

실천 Tip | 협상의 기술

협상의 목표는 상호 이익의 달성이다. 일방의 이익 쟁취로 끝나는 것은 협상이 아니다. 협상은 상대의 관심사를 파악하는 것으로 시작된다. 상대가 겉으로 원하는 것과 속으로 절실히 원하는 것은 다를 수 있다. 전략무기감축협상에서 소련의 진짜 관심사는 핵무기 감축에 따른 국가지도자의 위신이지, 핵무기 감축 자체가 아니었다. 이를 간파한 미국 측 협상단의 결정으로 이 협상은 상호 이익을 달성하고 마무리되었다.

협상에서 욕구와 요구는 다른 문제다. 목이 마를 때 콜라 대신 물을 마셔도 된다. 요구는 콜라지만, 욕구는 갈증 해소이기 때문이다. 언제나 시작은 상대의 진짜 욕구를 파악하는 것이고, 상대에게 줄 수 있는 창의적 대안을 되도록 많이 만들어내는 것이다. 창의적 대안이 선택할 수 있는 최적의 대안BATNA이고, 이것이 많을수록 상대를 만족시킬 수 있는 카드가 넉넉한 것이다. 협상에서 일방통행은 드물다. 언제나 대안을 선택할 수 있는 것이 사람이다.

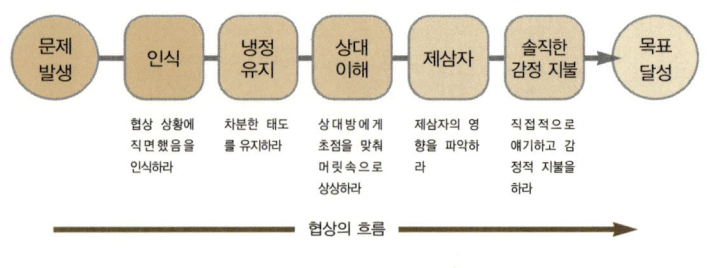

협상의 기술

Step 9
자유인의 조건

❶

자유인 3요소

자유인의 참뜻

영어에서 자유는 두 가지 단어가 있다. 'liberty'는 억압에서 자유를, 'freedom'은 내면에서 자유를 말한다. 우리가 추구하는 자유는 억압은 물론, 마음의 구속에서도 해방되는 것이다. 인간은 누구나 매일 '행복'한 상태를 유지하고 싶어 한다. 초년고생은 사서라도 한다고 했으나, 그럴 수밖에 없는 상황에 처한 사람이 아니면 자청해서 그 길을 택하기 어렵다. 굶주린 사람에게 진수성찬을 앞에 두고 단식하라는 것과 크게 다르지 않다. '사흘 굶으면 포도청의 담도 뛰어넘는다'는 옛말이 있다. 나라의 자유를 위해 죽음을 마다치 않은 항일 운동가를 경외하고 칭송하는 것을 보면 자유라는 가치에 이견이 없는 것 같다.

인간이 추구하는 궁극적 행복은 자유라는 시공時空의 바탕에서 가능하며, '자유인의 행복'이라고 믿는다. 이 말은 자유인만 행복하다는 것이 아니라 인간이 누리는 최고의 행복이라는 의미가 그러하다는 뜻이다.

사람은 태어날 때부터 자유인이다. 그러나 지금 자신이 자유인이라고 말할 수 있는 사람은 드물다. 자유인이 되려면 과거 탄력성이 낮아야 한다. 즉 바꿀 수 없는 과거형으로 돌아가려고 하지 말아야 한다. 이를 확실히 하려면 생활에서 'if'를 완전히 제거해야 한다.

옛날에 이런저런 일을 했다는 영웅담을 늘어놓는 과거 찬양형, 이전에 이것을 했어야 하는데 하는 아쉬움을 표현하는 과거 후회형, 이전에 이런 일을 하지 않았다면 하는 자책감을 드러내는 과거 진단형에 익숙하다면 당장 결별하자. 여기에 미래 가정형까지 덧붙이면 노예의 표본이다. 세상 어느 누구도 동일한 상황에 처할 수 없다. 적어도 시간이라는 변수가 계속 작용하기 때문이다. 자유인이 된다는 것은 바꿀 수 없는 과거와 알 수 없는 미래를 폐기하는 것이다.

자유인 3요소

자유인의 요소는 정신적·신체적(육체적)·경제적 자유다. 세 가지 가운데 어느 것이 가장 중요하다고 말하기 어렵다. 자기중심적으로 보면 몸이 죽은 뒤 정신적·경제적 자유가 아무 소용없으니 신체적 자유가 더 중요한 것 같지만, 사회 구성원의 눈으로 볼 때 정신적 자유가 더 중요하다고 할 수 있다. 신체적 자유는 개인의 문제로 그칠 수 있지만, 정신적 자유는 불특정 다수에게 영향을 미칠 수 있다.

노르웨이에서 80명이 넘는 생명을 앗아간 극우 민족주의자는 사고가 온전치 못하지만 신체적으로 튼튼한 사람으로, 정신적 자유가 더 중요한 까닭을 말해주는 사례다. 아무리 돈이 많아도 치매에 걸렸다면 자신이 누구인지 모르기 때문에 경제적 자유의 의미가 사라진다.

끝으로 경제적 자유인데, 사람들은 가난해도 행복할 수 있다고 말하지만 그것은 가난의 정도와 한계를 정한 뒤의 문제다. 남녀 구분 없이 결혼하여 가정을 꾸리면 가족이 생기고, 먹고살아야 하는 책임감이 따른다. 내 가족을 도외시하고 다른 것을 추구하면 가족이 해체될 수밖에 없다. 현대사회에서 가족의 생존과 행복을 무시하고 가장의 위치를 고수할 방법은 없다. 드러커는 인간이 물질적 풍요가 주는 행복을 부정하기 어렵다고 했다. 우리 삶의 본질을 관통하는 통찰력이다.

우리는 요람에서 무덤까지 자유인과 노예의 상태를 오간다. 따지고 보면 우리의 소박한 바람은 자유인의 상태를 가급적 오래 유지하는 것이고, 세 가지 자유는 자신뿐만 아니라 주변인들의 자유에도 영향을 미치기 때문에 매우 중요하다. 방어형 노예 상태에서 벗어나 도전형 자유인의 길로 가보자.

자유인은 오늘 하루, 이달의 생존을 위해서 무언가 혹은 누군가 기다리는 사람이 아니다. 자기 경영이라는 1인 기업의 경영자로 조직의 문화와 운명을 결정하는 것은 1인 기업의 사장인 자신이다. 드러커는 사장을 제외하고 모든 기능은 아웃소싱 할 수 있다고 했다. 자기 자신이야말로 본질이고 전부다. 자유인의 혁명은 자기 경영에서 시작된다.

마쓰시타 고노스케는 새뮤얼 울만의 '청춘'이라는 시를 읽고 감명 받아 다음과 같은 좌우명을 만들었다.

'청춘은 마음의 젊음이다. 신념과 희망과 용기에 넘쳐 매일 새로운 활동을 계속하는 한 청춘은 영원히 그 사람의 것이다.'

❷ 정신적 자유인

가장 중요한 것은 정신

정신적 자유는 '경계 없는 생각의 상태', 즉 외부의 입력이나 영향에 마음의 균형을 잃지 않는 것을 의미한다. 앞서 정신적 황폐에 대하여 말했지만, 이것이 아니더라도 육체적 건강과 연관된 정신의 문제, 경직된 사고 체계, 완고하게 한 방향만 보는 것, 자기 생각만 옳다고 믿는 사람도 정신적 자유가 결핍된 상태다.

정신적 자유가 결핍되면 자신뿐만 아니라 주위 사람들에게 큰 영향을 미친다. 세 가지 자유 모두 가까운 타인에게 큰 영향을 미칠 수밖에 없다. 정신적 자유 가운데 특히 종교와 관련하여 철학자 버트런드 러셀은 《나는 왜 기독교인이 아닌가》에서 간단명료하게 말한다. 그는 기독교에서 주장하는 하나님이 있다면 왜 이렇게 가혹한 세상을 만드는지 알 수 없기 때문에 공감할 수 없다고 했다. 러셀은 "어떤 부모가 자식을 지옥 불에 처넣고, 자식의 목숨을 신의 재단에 바치는가"라고 물었다.

정신적 자유는 건전한 육체를 통해 유지할 수 있으며, 동시에 치우친 사고의 틀에서 벗어나 다양성을 인정하고 받아들일 수 있는 것으로, 경계 없는 생각의 여유가 근본 바탕이다. 정신적 자유도를 높이려면 철학, 인문, 사회, 과학 등 다양한 분야의 독서를 통해 역사와 문화를 이해해야 한다. 최고의 지식은 직접경험이지만 물리적 시간이 한정되므로 그나마 간접경험을 늘려서 이해하려는 노력이 독서이며, 독서의 부족을 보충할 수 있는 것이 미디어다.

지금은 인터넷과 스마트폰을 통해 세계 유수 대학의 강의도 무료로 들을 수 있는 세상이니, 방법이 없어 배우지 못하는 시대는 지났다. 누구나 언제나 어디에서나 배우고 익힐 수 있는 전천후 학습 시대다. 엄청난 등록금을 내고 다녀야 하는 학교 시스템이 언제까지 생존할 수 있을지 궁금하다. 사교육의 발달은 공교육이 부실하다는 가장 확실한 증거다.

인간은 어떤 환경에 놓여도 마음만은 타인에게서 자유로워질 수 있다. 유대인 학살 사건을 체험하고 살아남은 빅터 프랭클 박사를 통해 인간은 의미를 추구하는 존재로, 어떤 상황에 처하더라도 자신의 의미를 구현할 수 있다는 것을 알았다. 이토록 중요하지만 사람들이 가장 적게 투자하고 많은 것을 바라는 것도 정신적 자유다.

휴가철 4박 5일 해외여행은 가도 1박 2일 마음 청소 시간은 바쁘다고 내지 않는다. 못 하는 게 아니라 안 한다. 자식이나 애인이 한밤중에 무엇이 먹고 싶다면 자다가도 일어나서 사다 줄지언정 자신이 그토록 갈망하는 것은 해주지 않는다. 무엇이 더 급한가? 회사 일로 바빠서 연로하신 부모님을 찾아뵐 시간은 없어도 4박 5일 가족 해외여행은 다녀오는 것이 이기적인 현대인이다. 인간의 기본을 자발적 동기에 따라 기쁜 마음으로 실천하는 사람이 자유인이다. 자신의 안락함을 조금만 유보하면 더 많은 마음의 자유를 확보할 수 있다.

타인을 배려하는 기본은 밖에 있는 사람이 아니라 자신과 부모님, 가족이다. 이것이 인간의 도리고, 결국 자기에 대한 사랑이며 배려다. 자신과 가족에게 성의를 다하지 않으면서 타인을 위한 봉사 활동에 열심인 사람은 인생의 행복을 외부에서 구하는 사람이다. 타인에게 칭송받고 인정받고 싶은 욕구 때문이다. 속으로 잘난 사람이 아니라 겉으로 잘나고 싶은 것이다. 우리 삶은 결국 내부에서 시작하여 내부에서 마감하는 것이며, 외부는 인생 드라마의 단역일 뿐이다.

대다수 사람들에게 제1가치관으로 인식된 '가족과 보내는 시간과 관계'라는 내부의 건전함에 초점을 맞춘 뒤 외부로 눈을 돌리자. 수신제가치국평천하라는 말은 자기 경영을 한 뒤에야 외부 경영을 훌륭하게 해낼 수 있다는 말이다. 오장육부가 편치 못한데 안색이 좋을 리 없지 않은가.

종교인과 정신과 의사는 심리적 서비스를 제공하고 돈을 받는다는 면에서 같은 일을 한다. 종교인은 일반인을 상대로 미래의 알지 못하는 천국에 대한 정신 보험 서비스를 제공하고 보상을 받으며, 정신과 의사는 심리적으로 상처 받은 상대에게 현재의 고통에 대한 치료 서비스를 제공하고 보상을 받는다는 점에서 다르나, 둘 다 정신 기술자다.

우리는 각자 육체적 자유와 정신적 자유의 주인이었으나, 그 자리를 포기한 것은 자신이니 이제 우리의 본래 자유를 스스로 되찾아야 한다. 이는 억만금이 필요한 것도 아니요, 불도저를 동원해야 하는 일도 아니다. 처음부터 자신이 주인이었으니 선언하는 것으로 충분하다. 시작이 반이다. 오늘 자유인임을 선언하자. 입구는 좁으나 들어서면 드넓은 하늘길이다.

학습 부등식

정신적 자유를 되찾는 노력으로 가장 중요한 공부는 철학이다. 철학은 인간을 동물과 구분하여 인간답게 만드는 것이며, 인간을 이해하기 위한 학문이다. 지금은 한자가 경시되지만 한자는 우리말의 반 이상을 차지한다. 한자를 아는 것은 커뮤니케이션의 효율을 높이는 것이다. 아시아에서 중국의 힘을 보건대 한자를 모르면 생존에 불리할 수밖에 없다. 철학이라 할 수 있는 인문, 사회, 역사, 한자와 함께 물리·화학의 기초와 생물학을 기반으로 하는 과학, 인성을 선하고 풍요롭게 만드는 음악과 미술도 공부해야 한다. 체육이 모든 학문의 바탕이어야 함은 물론이다. 지덕체가 아니라 체덕지다.

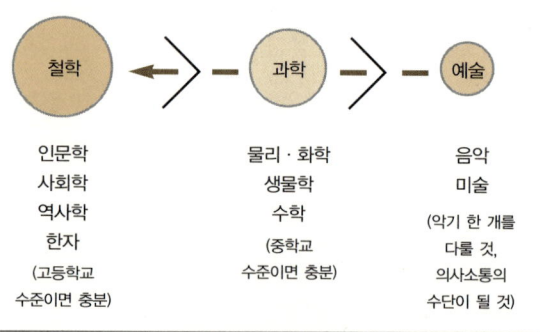

모든 학문의 바탕은 체육(스포츠)

학습 부등식

3

신체적(육체적) 자유인

건강한 육체

세계보건기구 WHO는 건강을 "신체적 · 정신적 · 사회적으로 완전히 행복한 상태를 말하며, 단순히 질병에 걸리지 않는 상태만 지지하는 것은 아니다"라고 정의했다. 육체적으로 자유롭다는 의미는 '스스로 생각하고, 느끼고, 말하고, 움직일 수 있는 상태'를 말한다. 타인의 도움 없이 위에 나열한 것들을 할 수 없다면 육체적 자유인이 아니다. 상상으로는 날 수도 있다는 말은 하지 말자. 이 주제는 현실을 기반으로 하는 것이다.

억만장자가 뇌출혈로 쓰러져 식물인간 상태라면 자유인이 아니다. 그에게 가장 중요한 사람은 부인이나 자식이 아니라 언제나 곁에서 돌봐주는 사람이다. 당신과는 너무 먼 얘기일까? 그렇다면 당신이 독감이 걸려서 기침을 멈추기 어렵고,

고열로 정신이 혼미할뿐더러, 오한으로 외출은 생각할 수도 없는 상태라고 해보자. 이런 일은 누구나 한번쯤 겪을 수 있는데, 이 역시 자유인의 지위를 상실한 것이다. 이런 상태에서 당신은 돈을 갈구하지 않을 것이다.

육체적 자유는 잃어버리기까지 그 가치를 잊고 지낸다. 중요성은 분명히 알지만, 그것을 획득하고 유지하기 위해서 마땅히 해야 할 행동을 일으키는 동기 인식에 미치지 못한다. 병이나 사건 사고로 육체적 자유를 잃고 나서야 깨닫는 것이다. 가벼운 병이나 사고로는 행동을 결정하거나 바꿀 마음이 일어나지 않기 때문인데, 심지어 큰 병을 앓고 회복한 뒤라든가, 우연한 건강검진에서 중병의 가능성을 진단받았으나 정밀 검사에서 이상이 없다는 행운을 얻고 나서도 마찬가지다.

중병에 걸렸을 때는 평소 무관심하던 종교의 힘을 빌려보기도 한다. 당시에는 회복하면 혹은 큰 병이 아니라면 절대 육체적 자유를 지키는 일에 소홀하지 않겠노라고 맹세하고, 이것을 어기면 죽어도 좋다는 다짐까지 한다. 그러나 막상 사건 사고가 지나면 원래 상태에서 벗어나지 못한다. 습관이라는 관성의 법칙 때문이다.

우리의 이상적 목표는 365일 육체적 자유를 유지하는 것이다. 육체적 자유를 이루는 3요소는 의식주지만, 이 가운데 무엇을 입고 어디에 살까 하는 문제는 육체적 자유에 미치는 영향이 작다. 무엇을 먹을까 하는 문제의 기본은 사람이 먹어야 할 것만 먹는 것이다. 칼슘과 단백질을 섭취하기 위해 우유를 권장하지만, 우유는 동물의 젖이다. 아기는 한정된 기간에 모유를 먹어야 하는데, 이 시기에도 모유 대신 동물의 젖을 먹이는 것은 자연스럽지 않다. 우유를 많이 소비하는 나라와 골다공증 환자의 비례관계는 우유가 인간에게 유익하지 않다는 증거다. 우유 제품을 상품화하는 과정에 설탕을 첨가하는 것도 바람직하지 않다.

설탕을 과다 섭취하면 가장 먼저 칼슘이 소진된다. 연비가 낮은 대형차를 타고 다니면서 기름을 아끼자고 홍보하는 아이러니와 다를 바 없다. 우리 몸에서 활동에 필요한 에너지보다 넘치게 혹은 자신이 소모하는 에너지보다 많이 섭취하면 지방으로 축적된다. 몇 달씩 겨울잠을 자는 북극곰도 아닌 인간이 몸에 과도한 지방을 축적하면 이로울 게 없다.

우리 몸의 세포는 피부나 장기, 근육, 뼈에 따라 다르지만 짧게는 4일에서 길게는 1년 정도면 모두 바뀐다고 한다. 음식으로 체질과 건강을 개선하려면 최소 석 달 이상 지속해야 효과를 보기 시작한다. 육체적 자유인은 적극적 편식이 필요하다. 암을 치료하는 데도 다양한 방법이 있다. 항암제를 쓰는 것은 유리창에 앉은 파리를 잡기 위해 망치로 내리치는 것과 같다는 표현이 있다. 물론 의약 기술이 발달함에 따라 일부 항암제는 큰 효과를 보기도 한다. 그러나 맑은 공기와 물, 현미와 채소를 위주로 하는 식사, 적절한 운동으로 치유가 가능하다면 어떤 방법을 선택하겠는가?

민간 자연요법이 더 좋은 선택이라고 말하는 것이 아니라, 영리 의료 산업을 맹신하는 편견에서 벗어나 실제 효과를 볼 수 있는 대안도 생각해보자는 것이다. 검증된 자연 의학이야말로 치료의 고통을 줄이면서 완치하는 길이라고 본다.

골고루 가리지 않고 먹는 사람이 건강하다는 말은 물, 공기, 음식이 오염되기 전의 얘기다. 공해로 오염된 현대사회에서는 근거가 미약하다. 일상에서 이렇게 따져가면서 먹을 수 있느냐고 생각하겠지만, 당신의 몸이 정상이 아니어도 그렇게 말할 수 있는가? 가리지 않고 먹는 사람이 건강하다는 말은 모든 이에게 해당되는 것이 아니고, 육체적 자유를 보장하는 것도 아니다. 철저하게 각자 사안이다. 어떤 요소가 부족한 사람은 그 요소를 보충하고, 과잉 요소가 있다면 줄이는 것이 이치에 맞다. 섭취하는 것과 더불어 매일 어떤 형태로든 적절한 운동이나 움직임을 유지하는 것이 필요하다.

스포츠의학계에서 연구한 결과, 마라톤보다 걷기가 이롭다는 것이 발표되었다. 나이와 관계없이 근육을 생성·유지·단련하는 운동도 필요하다. 그러나 운동의 핵심은 무리하지 않고 자기 수준에 맞춰서 하는 것이다. 정형외과 전문 의료 기술자에 따르면 중년에 '몸짱'을 만든다고 과도한 근력 운동을 하면 근육은 생길지 몰라도 몸을 형성하는 뼈의 희생을 막을 수 없다고 한다. 예쁘게 위장하기 위해 고운 피부에 화학 성분이 다량 함유된 화장품을 짙게 바르는 것과 다를 바 없다. 먹는 것과 움직이는 것을 일상의 습관으로 정착시키면 육체적 자유도가 훨씬 높아진다.

미국의 사회과학자 터먼 박사가 시작한 인간의 수명 연구에 흥미로운 분석이 있다. 그의 연구팀은 1500명을 대상으로 80년간 추적하여 인간이 장수할 수 있는 원인을 찾는 방대한 작업을 완수한 결과, '건강한 사람들이 행복하지만, 행복한 사람들이 반드시 건강한 것은 아니다'라는 사실을 발견했다. 행복과 쾌활한 성격이 만병통치약이라는 증거가 발견되지 않았다는 말이다. 낙천적인 사람은 위험을 알리는 징후를 무시하기 때문에 예방 활동이나 점검하려는 노력이 부족하다. 하버드대학의 성인 발달 연구에 따르면 행복은 몸을 건강하게 만드는 원인이 아니고, 불행이 질병의 원인이라는 근거도 미약하다.

건강 부등식

행복하고 건강하게 사는 방법 가운데 한 가지는 옳다고 생각하는 일을 하는 것이다. 건강한 육체는 표준이 없다고 본다. 오히려 지극히 주관적인 것이다. 예를 들어 매일 30분 이상 운동해야 건강을 유지할 수 있다는 것은 확실한 근거가 없다. 오랫동안 조깅을 해야 건강하다는 것도 사실이 아니다.

달리기가 우리 몸에 좋다면 치타는 장수해야 한다. 인간에게 심장박동 수를 빠르게 하는 운동은 좋을 게 없다는 것이 과학적으로 입증되었다. 지구상에 있는 동물의 심장박동과 수명을 연구한 자료에 따르면 심장박동이 빠를수록 수명이 짧다는 사실이 밝혀졌기 때문이다. 모든 생명체로 확대해석 하면 장수의 순서는 움직임과 관련이 있다. '서 있는 나무 〉 천천히 움직이는 거북 〉 심장박동이 보통인 사람 〉 재빨리 움직이는 쥐 〉 날개를 많이 움직이는 새 〉 1초에 수십 번 날개를 퍼덕이는 곤충'의 순서다.

하버드대학의 장수 프로젝트에 따르면 육체적 건강에 관해서는 흔히 알려진 장수 상식이 누구에게나 적용되는 법칙이 아니라는 것이 속속 밝혀지고 있다. 가장 흔한 것이 '비타민을 꾸준히 복용하라, 매일 30분씩 유산소운동을 하라, 결혼하라, 스트레스를 받지 말라'인데 아무 근거도 발견되지 않았다. 육체적 자유의 의미가 건강인데, 건강은 개별 사안이고 다만 성실한 사람이 장수한다는 것이 밝혀졌다.

성실의 기준이 무엇인가? 성실한 사람은 바른 사고를 가지고 해야 할 일을 꾸준히 하는 사람이요, 게으르지 않고 부지런히 움직이는 사람이며, 사회 구성원으로서 강제된 윤리와 도덕에 매몰된 사람이 아니라 자유인으로서 인간의 도리를 다하는 사람이다. 자유인의 첫째 조건인 육체적 자유는 바른 전략과 노력을 통해 확보할 수 있다.

그러나 나는 한국 사회를 볼 때 특별한 소수의 예외가 소수가 아님을 발견한다. 더 뻔뻔하고 얼굴이 두꺼운 사람일수록 보통 80세 이상 장수하며, 양심과 갈등하는 사람은 단명하는 것을 보면 알 수 있다. 이들의 성실이 그 내용은 다르겠지만, 선악의 시비를 가리거나 분별하지 않고 성실 자체로 본다면

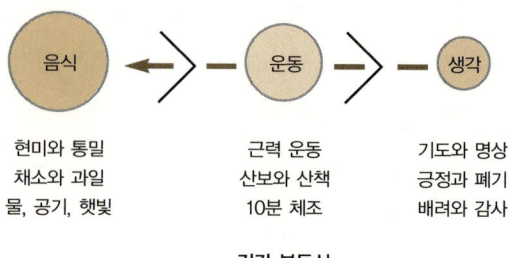

건강 부등식

성실할수록 오래 산다는 것은 타당하다.

"외상 환자 1300명을 보았지만, 그중 외제 차를 탄 사람은 한 명이었다." 지금까지 1300명이 넘는 외상 환자를 수술한 아주대 이국종 교수가 한 말이다. 이게 무슨 의미인가? 가난한 사람이 잘 다치고 죽는다는 말이다. 경제적 안정과 여유가 필요한 이유다. 결국 수명과 직접 관련이 있기 때문이다. 가난해도 행복하다는 것은 의료·과학기술이 지금처럼 발전하기 전의 얘기다. 부자일수록 영양 과잉에 걸리기 쉬웠기 때문이다. 그러나 21세기에는 가난할수록 수명이 짧다는 것을 인정해야 한다. 예방과 검진, 치료에 돈이 필요하기 때문이다. 인간이나 법인이나 세상의 모든 생명체는 할 수 있다면 젊고 건강하게 오래 살고 싶은 욕구가 있다.

❹

경제적 자유인

필요한 만큼의 능력

반복하지만 우리 몸은 60조 개 세포로 구성된다. 각 세포에 영양소가 공급되지 못하면 사망한다. 가정, 조직, 국가에서 리더의 첫째 책무는 구성원이 먹고살게 하는 것이다. 그 책무를 수행할 수 없다면 실패한 리더가 되어 리더십을 상실한다. 구성원이라는 단위 객체가 용납하지 않는다.

경제적 자유의 정의는 부자의 정의와 상통하는 것으로 '자산의 증가에 관심이 없고 현 자산의 유지에만 관심 있는 상태'를 말하며, '생활이 급여에 의존하지 않고도 의식주와 필요한 돈의 문제를 해결할 수 있는 상태'라고 할 수 있다. 직업이 없다고 가정하고 다달이 필요한 평균 금액을 산정하여, 그 금액을 금융 이자나 투자 수익 등 비노동 수입으로 충당할 수 있는 상태를 목표로 한다. 100억 아니라 1000억을 가지고도 자산 증식에 관심이 있는 사람은 돈의 욕망에 구속된 부자다. 이런 사람들은 경제적 자유를 확보했다고 볼 수 없다.

사람을 사랑하는 것은 인간의 운명이자 숙명이다. 그러나 사람을 사랑하기 위해서는 돈을 쓰지 않을 수 없다. 현대사회에서 말로만 사랑하는 사람을 믿을 수 있는가? 자기 손으로 선물을 만들어도 재료비가 필요하다. 누군가에게 돈을 쓰는 이유는 그 사람을 위해서라면 그 돈이 아깝지 않기 때문이다. 달리 말해 상대가 매력 있을 때 그를 위해 돈을 쓰는 것이다.

현대 자본주의사회에서 돈 없이 사람을 사랑할 수 있는 방법은 많지 않다. 청춘 남녀가 불꽃 튀는 연애를 할 때는 돈이 필요치 않다고 말할 수도 있지만, 덕수궁 돌담길을 거닐고 별을 헤아리는 데이트는 이 시대의 풍경이 아니다. 분위기 있는 커피 전문점에서 차 한 잔을 마시려고 해도 돈이 필요하지 않은가?

내가 이 세상에 존재하지 않으면서 내게 가치 있는 것을 말하고 추구하는 것은 무의미하다. 모든 것은 나의 존재에서 시작되고, 나의 소멸과 함께 사라진다. 먹고살기 위해서는 노동을 통해 돈이라는 교환 수단을 확보해야 한다. 현대사회에서 행복과 돈은 불가분의 관계다.

인간은 단지 돈 때문에 일하는 것이 아니라는 말은 맞다. 그렇다고 돈을 받지 않고 다른 것만 만족하면 일하는 것도 아니다. 혼자일 때는 거칠 것이 없으나, 가족이라는 조직을 만든 상태라면 상황은 더욱 심각해진다. 기본 의식주 해결부터 더 좋은 의식주에 대한 욕망이 주인이 되어 욕망의 노예를 가만히 두지 않는다. 무위도식하는 노예를 좋아할 주인은 없다. 사람은 저마다 가치관이 다르다. 경제적 자유도 100퍼센트 완성을 정하는 기준은 액수가 아니다. 세 가지 자유 가운데 상대적으로 가장 달성하기 쉬운 것이 경제적 자유다. 무일푼으로도, 1000만 원으로도 자유인이 될 수 있으나 일반적인 경우가 아니다.

독일의 유명한 머니 트레이너인 보도 섀퍼는 "사람들은 돈이 없기 때문에 좋아하지 않는 일을 하고, 그런 일을 계속하는 한 돈도 벌 수 없다"고 했다. 경제적 자유는 가족의 유무와 관계가 깊다. 대다수 사람들이 가정을 이루고 가족생활을 하므로 경제적 자유의 기본이 재무 건전성이다. 버는 돈과 쓰는 돈의 차이가 자유를 확보할 시기를 결정한다.

자본주의의 본질을 이해하지 못하거나 가난을 경험하지 못한 사람들이 자신을 근로 노예의 상태로 머무르게 할지, 지식 근로자로 만들지는 철저하게 자신에게 달렸다고 믿는다. 그러나 현실은 그렇지 않다. 가난이 오로지 자신의 책임이라면 부자도 자신의 노력만으로 부자가 된 것인가? 현대 자본주의사회는 가난한 사람이 부자를 위해 노동해야 하는 구조에서 벗어나기 어렵다. 그 해결책은 가난한 사람들이 지식 근로자가 되는 것이다.

"나는 배를 곯는 사람이 영혼의 구원에 대해 생각하거나, 치통을 앓는 사람이 선이나 아름다움에 대해 생각할 수 있다고 한 번도 생각해본 적이 없다."

캐나다 사람들이 가장 존경하는 토미 더글러스가 한 말이다. 그는 CBC가 여론조사를 통해 뽑은 '가장 위대한 캐나다인'에서 1위를 차지했다. 그가 캐나다인에게 세대를 뛰어넘는 존경을 받는 것은 무상 의료 제도를 도입한 사람이기도 하지만, 무엇보다 이를 통해 모든 사람이 평등하다는 '상식'을 캐나다에 정착시켰기 때문이다.

풍요 부등식

경제적 자유인이 되기 위해 상식으로 알 수 있는 풍요 부등식을 다시 점검하자.

풍요 부등식은 자유인의 3요소를 모두 전략적 자원으로 생각하는 것이다. 즉 재화뿐만 아니라 마음과 몸 모두 이 부등식에 대입하여 문제를 파악할 수 있다. 자산을 늘리는 것은 단순하게 내 주머니로 들어오는 것(유입+)과 내 주머니에서 나가는 것(유출−)의 차이를 늘리는 것이다.

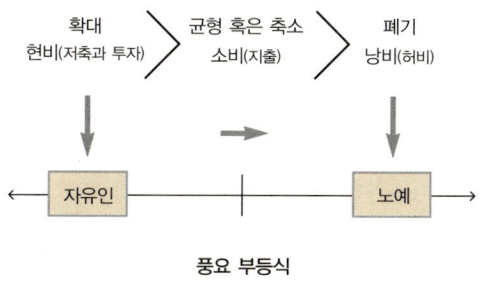

풍요 부등식

투자는 저축을 포함한 생산적 자산이라는 말인데, 스스로 가치를 늘리는 자가 발전기다. 투자는 여러 가지 방법이 있으니 성향에 따라 선택하면 된다. 다만 수입의 10퍼센트를 저축하는 습관을 들이면 경제적 자유인의 길에 일찍 도달한다.

소비는 써야 할 곳에 쓰는 것이다. 구입한 상품이나 서비스가 지불한 돈의 가치와 같을 때 지출이며, 소비라고 할 수 있다. 그러나 상품이나 서비스의 가치가 자신이 지불한 돈보다 낮을 때 낭비라 하고, 의식주와 삶의 질을 개선하는 데 불필요한 지출이 대개 낭비에 해당한다.

 욕심을 인격과 바꾸는 사람이 많다. 자기 돈은 아까운 줄 알지만, 남의 돈은 쉽게 생각하는 사람이 있다. 자기 소비를 줄이는 것은 좋으나 균형을 무너뜨리고 타인의 소비에 편승하여 득을 보려는 것은 장기 이익에 이롭지 못하고, 철면피나 비굴한 사람이 되는 지름길이다. 그래도 지금 내 손에 들어오는 돈이 좋다면 자신의 선택이지만, 인연과보라는 자연법칙에서 벗어날 수 없고 세상에 공짜는 존재하지 않는다. 일본에는 '공짜보다 비싼 것은 세상에 없다'는 속담이 있다.

 풍요 부등식의 관건은 이 세 가지 항목에서 어떻게 균형을 유지하고 낭비를 최소로 하며, 현비(투자나 저축)를 최대로 할 수 있는가 하는 것이다. 많이 벌어 적게 쓰면 많이 남는다는 것은 누구나 아는 사실이지만 실천하기 어렵다. 그래서 습관의 혁신이 필요하다. 경제가 수평선으로 계속 안정되는 경우는 없다. 인플레이션과 디플레이션을 반복하는 파동을 가지고 살아 움직인다. 벌어들인 것의 가치를 높이려면 자산을 생산적인 것으로 바꿔야 한다. 적정 위험을 감수하고라도 수익을 더 바라는 것은 자신의 성향에 따른 선택이다.

우리 사회에 부자가 많을수록 전체 구성원에게 득이다. 하지만 자유로운 부자가 되자. 도로에도 정지선이 있듯이 어느 선, 어느 때인가 부의 축적이 인생의 목표가 되지 않는 것이 필요하다. 욕망의 수레는 정지선이 없고, 한계도 모른다. 자신이 원하는 부의 한계가 어디인지 알기 위해서는 필요한 돈의 액수와 용도를 적어서 합산해보자. 여기에는 버킷 리스트에 포함된 것으로 한정하는 것이 효과적이다. 그런 한계를 정해놓는 것이 욕심을 제어하는 방법이다.

용도가 없는 돈은 결국 남의 돈이 될 뿐, 더 가지고 있어도 가치가 없다. 우리는 무일푼으로 와서 무일푼으로 가는 존재인데, 어떻게 잘 폐기하고 갈까 하는 문제가 더 중요하다. 자신이 버린 쓰레기를 치우기 위해 돈을 써야 하는 것은 인간 사회밖에 없다. 정신없이 달리다 보면 비행기처럼 나는 것을 알게 되지만, 비행기는 도착 지점을 알고 출발한다. 욕망의 벤츠에 브레이크가 없다면 모든 것을 잃고야 정지할 방법이 없다는 것을 알게 된다.

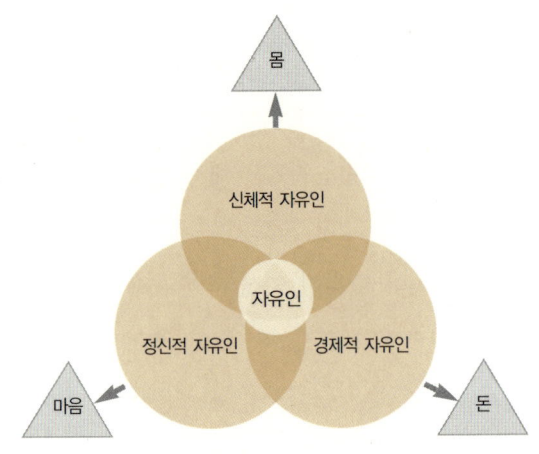

참 행복을 위해 필요한 자유인의 3요소

도표에 있는 자유인의 세 가지 요소를 모두 확보하기 위해서는 전제 조건이 있다. 각자의 운명이란 제한된 시간에 단독 배우인 우리가 가진 것은 하루 24시간이라는 철저한 인식이다. 철학자 니체는 "자신을 위해 하루의 3분의 2(66.7퍼센트)를 사용하지 못하는 사람은 노예"라고 말했다. 자신을 위해 사용하는 것이 무엇인지 알고, 하루의 주인이 되어야 노예로 살지 않을 것이다. 주인으로서 자유인이라는 목표를 달성하기 위해 다음 장에서 자유인의 플랫폼 설계도를 만든다.

파이프라인 건설

경제적 자유인이 되기 위해서는 자산 능력을 확보하는 전략 계획을 수립해야 한다. 종자돈 seed money을 마련하고 파이프라인을 건설하는 것이 경제적 자유인이 되기 위한 적극적 전략이다. 금액이 얼마든 스스로 굴러갈 수 있는 플랫폼을 만들어야 한다. 눈이 펑펑 내려서 큰 눈사람을 만들려고 할 때 작은 눈덩이를 먼저 만들고, 그 눈덩이를 굴리면 저절로 커진다. 종자돈도 같은 원리다. 그러나 적어도 굴러갈 수 있게 뭉쳐야 한다. 종자돈의 규모가 적당히 커지면 자전거에서 자동차로 바꾸는 것처럼 힘과 속도가 붙도록 업그레이드한다.

이 작업이 파이프라인 건설이다. 파이프라인은 세 개 이상을 목표로 한다. 파이프라인 건설은 두 가지 목적이 있다. 한 가지는 자산 능력을 고정 가치 생산 시설로 이용하는 것이고, 다른 한 가지는 위험을 수반하지만 고수익을 가져올 수 있는 것이다. 안정적인 수입이 있는 경우 다른 파이프라인을 여기에 건설한다. 파이프라인의 굵기보다 견고함이 중요하다. 조금 가늘어도 진도 9.0의 지진에 끄떡없을 만큼 튼튼한 것이 더 좋다. 하나도 안전, 둘도 안전, 셋도 안전이다. 최악의 경우 망해도 다시 일어설 수 있는 기초 자산은 있어야 한다.

삶의 안정을 도모하고 지속적 성장을 추구하는 것은 사람과 기업의 목표다. 저축도 한 은행보다 여러 은행에 분산 예치하는 것이 안전하고, 주식도 한 종목보다 몇 종목에 분산투자 하는 것이 안전하다. 그러나 너무 많으면 그에 따라 투입해야 할 자원도 추가된다. 파이프라인 건설은 자신이 가장 잘하는 분야를 중심으로 투자하는 것이다. 파이프라인 건설에도 드러커가 말한 "강점 위에 구축하라"를 적용하자. 파이프라인이 직접투자일 수도 있고, 펀드 형태의 간접투자일 수도 있다. 어떤 형태든 생산능력을 갖춘 자산으로 투자해야 한다.

파이프라인이 세 개 이상 있으면 그 가운데 한두 개가 무너지거나 파손되어도 남은 파이프라인에서 어느 정도 유입이 가능하다. 자석은 반 토막 나도 한쪽은 N극, 반대쪽은 S극을 유지한다. 여러 파이프라인은 불확실한 인생에서 예측 못 한 상황 변화에 오뚝이처럼 자유인의 위치를 유지해주는 방패막이가 된다.

현대사회에서 구성원들을 평생 책임질 수 있는 직장은 없다. 1인 다직업 사회가 보편화될 수밖에 없는 시대다. 지금은 1인 다직업이 어려운 상태라면 경제활동이 가능한 가족 모두 일할 수밖에 없는 사회로 전환되었다. 파이프라인 건설은 자신의 생존과 지속 성장 능력을 확보하는 최적의 방법이다. 더불어 죽을 때까지 일할 수 있는 구조를 유지해야 건강에 도움이 된다.

일에서 얻는 것은 돈 외에도 사회 구성원으로서 존재 가치다. 일터를 잃고 무위도식할 수밖에 없는 사람이 되면 정신적으로 늙는 속도가 빨라지고, 이는 육체도 늙게 만든다. 인간은 스스로 존재 가치가 있다고 느낄 때 오래 살고 싶은 욕구가 생긴다. 욕구가 없는 사람에게는 의욕도, 희망도, 동기도 존재하지 않는다. 서둘러 가고 싶을 뿐이다.

가난해도 행복하다거나, 행복할 수 있다는 말은 이제 그만하자. 그 반대가 현실이다. 모든 이에게 해당하는 것은 아니지만, 우리 일상에서 가난은 대부분 행복과 멀고 불행과 가깝다. 인간의 행복은 물질적 소비수준의 향상과 밀접하기 때문이다.

자유인에 대한 질문 3가지

1. 참 자유인은 liberty와 freedom에서 자유롭다. 당신이 억압에서 자유를 회복하지 못하고 있다면 진짜 원인은 무엇인가?

_____
_____
_____

2. 당신은 자유인을 지향한다. 자유인 3요소 가운데 당신에게 부족한 것은 무엇이며, 그것을 확보하기 위한 전략 계획은 무엇인가?

_____
_____
_____
_____
_____

3. 우리는 왜 근로 노예에서 탈출하여 자유인이 되어야 하는가? 당신은 자유인으로서 진정한 기쁨을 발견한 적이 있는가?

_____
_____
_____
_____

실전 Tip 자신의 강점을 발견하는 방법

사람들은 자신의 강점이 무엇인지, 정말 좋아하는 것이 무엇인지, 후회 없는 인생에서 기필코 하고 싶은 일이 무엇인지 알기 어렵다. 강점 경영은 제한된 인간 생활의 무대에서 최대 성과를 내기 위한 것이다. 이는 사회 구성원 전체의 선을 위한 것이다. 드러커는 개인이나 조직이나 강점을 활용하여 성과를 낼 수 있다고 했다. 자신이 좋아한다고 해서 약점에 시간 자원을 집중하면 성과를 내기 어렵다는 말이다.

강점을 발견하는 가장 중요한 방법은 '지금까지 살면서 언제, 어디에서, 무엇을 할 때 최고의 성과를 냈는지' 돌아보는 것이다. 그것이 지속적으로 반복되는 성과로 나타났다면 강점이라고 할 수 있지만, 놀라운 성과나 일회성에 그친 것이라면 강점이라 하기 어렵다.

조직에서 구성원을 선택할 때 단점이 없는 것보다 강점이 있는지 확인하는 것이 중요하다. 이는 인간관계에서도 문제로 드러난다. 타인의 약점에 초점을 맞추는 사람은 좋은 인간관계를 유지하기 어렵다. 상대의 강점에 관심을 기울여야 한다. 드러커는 자신이 할 수 없는 것에 신경을 쓰는 사람, 강점 활용보다 약점 개선을 시도하는 사람이 약한 인간의 표본이라 했다. 다음 질문으로 자신의 강점을 발견하자.

① 내가 잘한 것은 무엇인가?
② 내가 일회성이 아니라 반복해서 지속적으로 잘한 것은 무엇인가?
③ 내가 희열이나 열정을 느낀 일은 무엇인가?

Step 10

자유인의 설계도

❶
인생 전략 설계도

플랫폼 설계하기

세상을 움직이는 것은 플랫폼이다. 작은 집을 짓더라도 설계도가 있는데, 한 번뿐인 인생에 설계도가 없다면 내가 인생의 주인이라 할 수 없다. 애플이 세계 모바일 폰과 패드 시장을 판매량이 아니라 수익성으로 석권한 핵심은 원 플랫폼 전략이다. 적게 팔고 많이 버니 경쟁력이 최고라고 할 수 있다. 장기적으로는 양이 질을 압도할 수밖에 없으나 단기적으로 양보다 질의 경쟁으로 승리한 것이다.

생활에서는 형편과 전략에 따라 자가, 전세, 월세로 주거를 정할 수 있다. 하지만 인생에 월세나 전세가 있는가? 당당한 주인답게 살자. 자신을 관리할 수 없는 사람은 평생 타인의 관리 아래 살게 마련이다.

인생 전략 설계도는 주인의 삶을 원하기 때문에 만드는 것이다. 인생의 플랫폼은 이 책 Step 1에서 알아본 자신의 정체성, 가치관, 목표를 바탕으로 한다. 기본 플랫폼을 완성하면 상수와 변수로 구성되는 인생 여정에서 유연하게 대처할 수 있다. 인생 역시 파동이 있으므로 상하좌우의 흔들림을 지혜롭게 수렴해야 한다. 인생 전략 설계도는 해도 없는 항해에서 등대와 같다. 물론 인생의 최종 목표는 '본래의 길'로 돌아가는 것이나, 사는 동안 본래의 길은 자유인의 길이 되어야 한다.

타이밍의 기술

자신이 어디로 가는지 매일 확인할 수 있는 방법은 일기다. 그러나 일기는 지속하기 어려운 습관이다. 일기 대신 하루하루 점검해볼 수 있는 도구가 인생 전략 설계도다.

자연은 완벽하지만 모순 덩어리다. 인생도 모순과 속임수의 함정으로 가득하다. 자연은 끊임없이 상호 모순을 받아들이고 진화한다. 결국 인간은 태어날 때부터 '욕망의 바다에서 어떻게 항해할까' 하는 문제를 가지고 평생 씨름할 수밖에 없다. 우리는 사회적 인간으로서 대면 경제, 즉 사회와 나의 관계에서 '어떤 직업에 종사하고 어떻게 살까'라는 현실적 문제에 직면한다. 사람들은 가장 중요한 위치에 섰을 때 결정을 잘못하여 큰 손실을 보지만, 이것은 운이라 생각하고 마음의 균형을 잡아야 한다. 마음의 균형이란 자기를 다스릴 줄 아는 것이다.

진짜 부자는 마음의 부자로, 없어도 담담하고 우아하게 여유를 가지고 살 수 있는 사람이다. 가난을 선택하라는 말이 아니다. 인생 파고에서 낮은 곳에 머무르는 시간이 있더라도 인격체로서 인간다움을 버리지 말자는 것이다. 추락이 있으면 역방향의 비상도 있다. 인생이 살 만한 것은 예기치 못한 반전이 있기 때문이다.

인생 경영과 기업 경영은 '타이밍의 기술'이다. 살면서 선택이 잘못되었어도 범죄행위를 하지 않은 한 너무 자책하지 말아야 한다. 현대사회의 경쟁 구조에서 돈을 벌어야 기본 의식주를 해결할 수 있다는 것이 진짜 문제다. 자기 관리를 잘못한 것이기는 하지만, 성장하지 못하면 사망할 수밖에 없는 현대자본주의 경제에서 자기에게 잘못을 돌리는 것은 무리다. 따라서 노력한 것과 시도한 것에 어떤 결과가 나오더라도 실패한 것이 아니라 배움과 성장의 경로라는 사실로 받아들여야 한다. 자면 효과에서 설명했듯이 자신의 위치가 그럴 수밖에 없었다는 현실을 인정하고 자신을 용서해야 한다.

 사람은 벼랑 끝에 몰렸어도 서두르지 않는 여유가 있어야 유리하다. '그래 봐야 죽기밖에 더 하겠는가'라는 마음으로 용기 있게 맞서면 두려움이 사라지고, 눈앞에 초점이 맞춰진 시야가 180도 조망으로 바뀔 수 있다. 그때 극복과 반전의 기회가 보인다. 야구 경기에서 지던 팀이 역전하는 경우는 45퍼센트 이상 9회에서 나온다는 통계가 있다. 절박함의 에너지가 행동의 가장 강력한 동기가 되기 때문이다.

사명서 작성법

드러커는 효과적인 사명서는 간단명료하여 티셔츠에도 들어갈 만한 것이어야 하고, 내가 지금 하는 일이 목표를 달성하기 위해 공헌하는 일인지 말할 수 있어야 한다고 했다. 그는 조직 차원에서 한 말이지만, 나는 개인 차원에서도 1인 자기 경영자로서 적용할 수 있다고 생각한다. 인생의 1인 자기 경영자로서 당신의 사업은 무엇인가? "당신은 그저 살려고 태어난 게 아니라 의미 있는 인생을 만들려고 태어난 것이다(You are not just here to make a living, but you are here to make a life)."

사명서는 한 치 앞을 알 수 없는 시간의 흐름에서 우리의 귀가 되고 눈이 되는, 해도 없는 항해의 북극성이다. 좋은 사명서는 네 가지를 만족시켜야 한다. 첫째, 간결하고 쉽게 기억되어야 한다. 둘째, 어떤 사람으로 기억되길 원하는지 명확해야 한다. 셋째, 강력하고 동기를 부여할 수 있어야 하며 '왜' 라는 질문에 답할 수 있는 의미가 분명해야 한다. 넷째, 변해야 할 것과 변하지 말아야 할 것을 구별하여 가치판단의 기준이 되어야 한다.

사명서를 작성하는 방법은 다음과 같다.

① 자신은 어떤 사람인지 가치관과 사명을 적는다

가치관은 누구나 알지만, 사명서를 작성하는 것은 낯선 작업이다. 사명서란 '자신의 가치관에 따라 주어진 인생을 무엇을 위해 사용할까' 라는 질문에 대한 답이다. 교육에 일생을 걸겠다면 교육자가 되어 학생들이 어떤 사람들이 되도록 이끌지 질적·양적인 목표로 표현해야 한다.

② 자신의 바람을 한 문장으로 표현한다

교사라면 '학생들이 나의 가르침과 배움을 통해 자조·자립할 수 있는 사람으로 안내한다' 는 게 보기가 될 수 있다.

③ 자신의 습관이나 습관으로 만들고 싶은 것을 적는다

습관을 적는 것은 습관이야말로 자신의 인격을 알아볼 수 있는 증거이며, 어떤 사람이 되겠다고 하는 것은 습관의 결과이기 때문이다. 지금의 내가 아닌 다른 사람이 되고 싶다면 관성의 힘을 능가하는 노력을 투입하여 습관을 정복하거나 새로운 습관을 획득해야 한다.

드러커는 사명을 달성하는 것이 결과로 나타나는 것이며, 결과란 '삶의 변화'로 측정할 수 있어야 한다고 했다. 내가 바라는 자기 경영의 결과는 자유인이며, 자유인으로서 누릴 수 있는 세 가지 삶의 변화다.

버킷 리스트 작성법

무엇인가를 하기로 결정했다면 무엇을 기대할지도 정해야 한다. 버킷 리스트란 삶이 얼마 남지 않았다고 가정하고 죽기 전에 꼭 이루고 싶은 혹은 하고 싶은 것을 말한다. 편견을 배제하고 자신이 원하는 것은 모두 적는다. 10가지든 100가지든 할 수 있다 없다, 현실적으로 가능하다 불가능하다는 판단을 하지 말고 모두 적는다. 적을 때는 '분류, 번호, 내용, 완료 목표, 성취 날짜, 평가와 수정' 항목이 필요하다.

버킷 리스트는 가능한 한 구체적으로 적어야 한다. 자신이 원하는 것을 명확히 알아야 뚜렷한 이미지가 만들어진다. 이를테면 '나는 언젠가 자기 경영자가 된다'고 하면 애매모호한 바람이다. 자신이 생각하는 자기 경영자의 정의에 대한 객관적 수치와 성취 날짜를 적는다. 성공 에너지도 관성의 법칙이 작동한다. 과거의 작은 성공이라도 자신감의 씨앗이 된다.

리스트에 반드시 어마어마한 인생의 바람을 적는 것은 아니다. 작은 것부터 큰 것까지 하고 싶은, 되고 싶은 욕구와 욕망을 모두 적어보자. 무수히 많은 것 같지만, 실제 적어보면 100가지를 채우기도 만만치 않다. 인생에서 필요한 것이 그토록 많지 않기 때문이다. 다 적으면 자기 가치관과 사명의 거울로 비춰보았을 때 무의미한 것과 가치 없는 것이 나타난다. 그것은 버킷 리스트에서 폐기한다. 버킷 리스트는 이제 목표가 된다.

고교생 퀴즈 프로그램 〈도전! 골든벨〉에서 중학교 중퇴, 실업계 고등학교 출신으로는 처음 우승을 차지한 소녀는 등록금 마련할 일이 걱정되어 딸이 대학에 가지 않았으면 하던 부모의 뜻을 저버리고 대학에 입학했다. 2011년 그녀는 외국계 기업에서 억대 연봉을 받으며 세계 주유소 편의점의 20퍼센트를 총괄하는 글로벌 인재가 되었다. 성공적인 '꿈(욕망) 창조자'라고 할 만한 로열더치셸 김수영 카테고리매니저가 그 주인공이다. 그녀를 오늘의 위치로 이끈 것이 버킷 리스트라고 한다.

버킷 리스트를 작성하는 순서는 다음과 같다.

첫째, 마음에 떠오르는 바람을 모두 적는다.

둘째, 리스트에서 우선순위를 매겨라. 1번부터 내려가면서 더 중요하다고 생각되는 것은 1번으로 올려놓는다.

셋째, 이제 우리의 삶은 제한되었다는 것을 상기하고, 시간·공간적으로 절대 이룰 수 없는 항목은 폐기하라.

넷째, 남은 버킷 리스트의 개별 항목에 우선순위로 자원을 집중하여 그 목표를 달성하기 위한 전략 계획을 수립하고, 한 번에 한 가지씩 집중한다. 일을 잘하는 사람은 절대 한 번에 두 가지씩 하지 않는다. 가용 자원을 모아서 집중하여 일을 마치는 것이 더 효과적이다.

현금 흐름표 작성과 10퍼센트 법칙

자유인에게 경제적 자립은 세 번째 요소지만, 대다수 사람에게는 극복해야 할 가장 큰 벽이다. 경제적 자유도 내역서는 월 단위로 정리하고 예산·결산한다. 습관이 되려면 매일 결산해 보는 것이 좋다. 시간이 부족하면 모든 지출을 카드 한 장으로 통일하고, 카드 회사에서 매월 정산해주는 사용 내역서를 활용한다. 자신이 1인 기업이라는 생각으로 간단한 재무관리 방법을 적용한다.

알아야 할 것은 돈의 유입과 유출, 즉 매월 얼마가 어디에서 들어오고 어디로 나가는가 하는 것이다. 풍요 부등식에 따라 들어오는 돈이 많고 나가는 것이 적으면 경제적 자유인이 될 수밖에 없다. 수입의 10퍼센트를 떼어 원금 보전이 확실한 저축 계좌에 입금한다. 10퍼센트는 적은 금액이지만 시간의 힘과 함께 큰 수익으로 돌아온다. 이 돈은 극단의 위기 상황이 아니라면 절대 손대지 않는 인내가 필요하다. 개인에게도 기업과 마찬가지로 현금 흐름이 가장 중요하다. 현금이야말로 자유인의 몸에 산소를 운반하는 혈액이다. 산소 공급이 중단되면 사망하듯이 현금 유입이 중단되면 자유인의 자리를 잃어버린다.

액션 리스트 작성

이제 매일, 매주, 매달, 매 분기, 매년 자유인이 되기 위해 반드시 실천해야 할 것들을 구분하여 엑셀 프로그램으로 작성한다. 계획은 모든 사람이 하지만 실천하는 사람은 드물기 때문에 자유인은 극소수다. 액션 리스트는 자원 집중 전략을 사용해야 한다. 시간 자원을 최대한 활용하는 방법은 한 번에 한 가지씩 집중하는 것이다. 아무리 좋은 전략 계획도 실행이 따르지 않으면 전략 계획이 아니다.

이미지 작업

성과를 달성한 결과를 제삼자의 입장에서 시각 자료로 만들어 매일 볼 수 있게 한다. 목표(바라는 결과)를 이미지로 만들어 지속적으로 상상하면 이루는 데 큰 도움이 된다. 이미지는 비전 역할을 할 수 있다. 비전이란 원하는 결과를 그림으로 나타낸 것이다.

피드백 점검

매달 정기적으로 피드백 점검을 한다. 목표와 결과를 점검하고, 폐기해야 할 것이 무엇인지 판단하며, 더 잘할 수 있는 강점을 재차 발견하여 더욱 집중한다. 전체 과정을 아래 도표로 정리했다. 반드시 필요한 역량이 약점 리스트에 있다면 최선을 다해서 강화해야 한다. 강점을 발휘하는 데 방해가 되는 약점은 제거하는 것이 원칙이다. 강점을 발휘하는 데 필요한 필수 역량이 미약하다면 인내심을 가지고 발전시켜야 한다.

예를 들어 외국 기업에서 일하거나 외국에 사는 것이 버킷 리스트에 있다면 외국어 구사는 필수 역량이다. 자신의 강점이 탁월한 영업력이라면 그것은 국내 영업용으로 제한된다. 외국 기업에서 영어로 의사소통하는 능력이 부족하면 영업력이라는 강점을 활용하는 데 방해가 되기 때문에 성취의 한계를 벗어나기 어렵다.

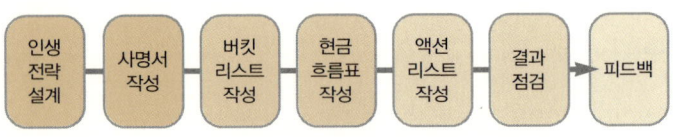

인생 전략 설계도 작성

성과와 결과

요약하면 사명서로 시작하는 인생 전략 설계도는 버킷 리스트로 구체적인 목표를 정하고, 뒤따르는 상세 실행 계획을 통해 목표를 달성하고 최종 결과를 만들어내는 것이다. 여기에서 결과와 성과를 구분하는 것은 그 의미와 측정하는 방법이 다르기 때문이다. 드러커는 측정할 수 없는 것은 목표가 될 수 없다고 했다.

결과가 더 중요한 것은 결과가 사명을 달성한 증거가 되어야 하고, 성과는 우리가 바라는 궁극적 목표가 아니라 일을 올바르게 하는 것이기 때문이다. 결과야말로 우리가 진짜 바라는 것이다. 드러커는 성과는 효율의 문제요 결과는 효과의 문제이며, 처음부터 마땅히 해야 할 일을 바르게 하는 것이 과업의 핵심이라고 했다.

❷

자유인의 첫걸음, 용기

자유도의 상한선과 하한선

자유인의 개념에서는 육체적 자유를 제외하면 자유도의 상한선과 하한선이 없다. 경제적·정신적 자유에는 주관적인 선택과 만족의 문제가 포함되기 때문에 일반적 수치를 적용할 필요도 없다. 개별 사안의 절대 수치다.

모든 자연 만물이 그러하듯 인간 생활에는 파동이 있다. 영광의 시기와 고난의 시기가 반복되는 굴곡이 필연적이다. 영광의 시기에는 성공이 혼자 힘으로 이룬 것이 아니라 관련된 많은 사람들의 도움과 사랑 덕분임을 감사하고, 고난의 시기에는 타인 때문이든 자신의 욕심 때문이든 현실적으로 긍정의 시각을 유지하고, 미래를 볼 때는 희망의 시각을 유지해야 한다.

좋지 않은 결과가 나왔을 때 남 탓으로 돌리면 원인이 감춰

지고 자기반성의 기회를 놓치기 때문에 과오가 반복된다. 동시에 모든 잘못을 이유 없이 자기 탓으로 돌리면 심리적으로 실패에 익숙해진다. 그러므로 누구 탓인지 시비를 가릴 것이 아니다. 사람에 초점을 맞추면 인간관계가 망가지고, 근본적인 원인을 발견할 수 없다.

실수를 반복하지 않으려면 과거를 통해 배우고, 문제보다 기회를 들여다봐야 한다. 드러커는 "문제에 초점을 맞추면 비용이지만, 기회에 초점을 맞추면 성과"라고 했다. 아무리 어렵고 힘들어도 그 상황에 분노하고 슬퍼하기보다 현실로 받아들이고 소화하는 것이 지혜로운 사람의 태도다.

다시 일어서기

실망은 기대하는 것이 있을 때 생긴다. 무슨 일이라도 결과에 담담하여 기대하지 않으면 실망할 일도 없고, 오히려 여유 있는 마음으로 좋은 성과를 얻으니 기대하지 않은 결과가 된다. 위기는 하루아침에 발생하는 것이 아니다. 사소한 사건들이 무시되고 누적되어 자동제어가 곤란할 때 터진다.

사건의 크기나 내용의 차이일 뿐, 누구에게나 고통스러운 사건은 일어난다. 사업을 하다가 자기 재산은 물론이요, 부모와 일가친척, 친구에게 경제적 손실을 끼치고 무일푼이 된 사람, 빚 독촉에 시달려 타국으로 갈 수밖에 없는 상황에 처한 사람들을 보았다. 그들 가운데 현실의 바탕에서 적극적 긍정 사고를 발휘한 사람들은 재기의 발판을 마련했으며, 그 과정에서 많은 사람들의 도움을 받았다. 그들이 주위 사람들을 배려하고 도왔기에 돌아오는 손길이다. 무엇보다 그들은 재기할 때 자신의 강점 위에서 행동했다.

초년고생은 사서라도 한다는 말이 있으나, 이런 상황을 환영하는 사람은 드물다. 당해보지 않은 사람은 그 상황이 얼마나 고통스러운지 모른다. 어느 정도인지 알겠다고 말해도 체험하지 못하면 같은 감정일 수 없다. 67세에 1008번 실패 후 첫 고객을 확보했고, 그를 바탕으로 성공을 거머쥔 인물이 켄터키프라이드치킨KFC 창업자 커널 샌더스다.

2차 세계대전에서 독일군에게 대패한 미군을 이끌고 자부심과 용기를 불어넣어 전쟁 영웅이 된 패튼 장군은 "공포를 1분만 참으면 용기가 된다"고 했다. 바닥으로 떨어졌다면 더 내려갈 수 없는 바닥으로 떨어지는 것이 그만큼 솟구치는 에너지 반작용을 만들어낸다.

인간은 충격을 오래 기억하지 못하기 때문에, 그것은 아마 기억하고 싶지 않다는 이성적 욕구도 동기가 되겠지만, 약한 충격은 재발 방지의 절실한 경험으로 인식하지 못하기 쉽다. 그래서 해마다 같은 문제가 반복되는 것이다. 끝없이 추락하는 것처럼 보이는 것도 반드시 한계가 있고, 한계에 이르면 반동의 에너지로 상승한다는 확신을 가질 수 있다. 에베레스트 등반에서 생명을 잃는 경우를 조사한 보고서에서 사망 사건의 48퍼센트가 성공에 도취된 정상 정복 후의 순간에 벌어진다고 한다.

바로서기

바로서기 위해서는 몸과 마음을 곧추세워야 한다. 실패라는 단어를 성공으로 바꾸기 위해서 의식적으로 원하는 성공을 상상하고, 사람들이 말하는 성공이 아니라 자신이 인정하는 성공이라는 확신을 심어주어야 한다.

타인의 기준을 받아들일 필요는 없다. 내 인생의 평가는 자유인인 자신의 선택이다. 확신을 얻기 위해서는 아주 작은 일부터 성공하는 습관을 반복하는 것이다. 가랑비에 옷이 젖고

작은 샘이 모여 큰 강을 이루며 바다로 나가듯, 대성공의 세계로 안내하는 것은 작은 성공의 집합이다. 사소한 성공에도 감사하는 마음과 자세를 유지하고, 도움을 준 타인에게 진심으로 감사를 표하자. 어떤 순간에도 타인을 비난하는 것은 자신에게 이롭지 못하다. 타인을 가리키는 손가락이 한 개라도 그 순간 자신을 향한 다른 손가락이 세 개나 된다는 것을 안다면 어느 바보가 그렇게 하겠는가. 그러나 대부분 그런 바보다. 역설이지만 자신이 바보라는 걸 알면 그는 바보가 아니다. 모르기 때문에 남들이 바보라고 부르는 것이다.

온전히 바로서는 방법은 원점에서 자신을 평가하고 인생 전략 설계도부터 다시 시작하는 것이다. 《탈무드》에 보면 승자가 즐겨 쓰는 말은 '다시 한 번 해보자'이고, 패자가 즐겨 쓰는 말은 '해봐야 별수 없다'는 말이 있다.

자유인의 첫걸음, 용기

용기란 첫걸음을 내딛는 것, 남다른 길을 택하는 것이다. 당신의 꿈(욕망)으로 두려움을 극복하겠다는 결단이다. 인간에게 나이와 용기는 반비례한다. 이것은 세상을 알수록 오묘하고 복잡하다는 인생 경험에서 비롯된다. 나이 들어 이해의 폭이 넓다는 말은 타협의 범위가 확대된다는 것이고, 세상에 순응한다는 것이다. 이때 용기를 되살리고 앞으로 나갈 수 있도록 이끄는 것이 꿈(욕망)이요 열정이다. 꿈과 열정은 나이를 극복한다. 나는 오늘보다 내일 더 행복한 인생의 자유인이 될 수 있다는 욕망이다. 꿈꾸는 것은 제약도, 한계도 없이 자유롭다. 간절히 원하는 것을 적어보자. 눈에 보이면 현실이 된다.

성취의 발목을 잡는 세 가지는 성실 부족, 끈기 부족, 동기 부족이며 이 모든 것의 뿌리는 습관이다. 게으름은 자신과 타인에게 가장 큰 장애다. 동기가 아무리 강해도 게으름이라는 습관의 굴레에서 벗어나지 못하면 결과를 만들어내는 행동도 잠에서 깨어나지 못한다. 인생은 단거리, 중거리, 장거리가 혼합된 마라톤이다. 조금씩 천천히, 조금씩 빠르게 하는 것이 비결이다. 하루조차 실천할 수 없다거나 의욕이 나지 않는다면 희망을 갖지 못한다. 그때는 불치병에 걸린 사람이나 평생 신체적 장애를 짊어지고 살아야 하는 사람들과 비교해 내가 상대적으로 얼마나 행복한 사람인지 생각해보라. 신체적 부자유가 없다면 당신은 불평할 자격이 없다.

자기 통제력 코칭

성공학 명강사 브라이언 트레이시는 자기 통제력이야말로 인생에서 성공하는 유일한 수단이라고 했다. 현대사회는 자기 통제력과 창의적 사고가 더욱 필요한 환경으로 발전하고 있다. 세상이 복잡해지고, 빨라지고, 다양해지기 때문이다. 사회과학자들의 연구에 따르면 창의력은 아이들 같은 순수함에서 더욱 잘 발휘되는 것으로, 노는 데서 나온다고 했다. 빅 데이터의 거인 구글이 구성원들에게 하루 근무시간 중 20퍼센트를 자유롭게 사용할 수 있도록 허용하는 것처럼, 자기 시간의 최소 10퍼센트는 노는 데 사용하자.

① 인과관계, 작용과 반작용의 법칙을 이해하라
 삼라만상은 중립이라 아무런 차별이 없다. 한 번에 성공하는 것은 없다. 나는 돈하고 거리가 멀다는 말은 사실이 아니다. 말이 씨가 되므로 원하는 것을 반복해서 말하라.
② 자기 통제력과 삶에 대해 느끼는 통제력을 발휘하라
 '언젠가'라는 말은 하지 마라. 지금 하라. 나이가 들수록 인생이 뜻대로 되지 않는다고 흔히 말하지만, 인생에는 뜻대로 될 수 있는 것이 있다. 자기 통제력은 좋든 싫든 해야 할 일을

하도록 만들고, 우리를 성공으로 이끈다. 끈기를 이끌고 결합하여 자신을 사랑하고, 통제력을 더욱 높인다. 목표를 정하면 이룰 때까지 멈추지 않는다.

③ 만나는 사람이 당신이 어떤 사람이 될지 결정한다

행복과 불행의 85퍼센트는 인간관계가 좌우한다. 어떤 사람을 만나는가는 당신의 습관이 된다. 당신의 사명에 맞는, 필요한 사람과 어울려라. 어울리는 사람이 달라지면 사고방식도 달라진다. 승자와 어울리면 그들의 세계관이 다르다는 것을 알게 된다. 인간관계가 인생을 망치기도 한다. 서로 좋아하고 존중하는 사람들과 인간관계를 맺어라.

④ 목표 지향적이 되어 실행하라

명확한 방향감각을 개발하는 것이다. 인생에서 무엇을 원하는지 알아야 한다. 첫째, 원하는 것이 무엇인지 확실히 정하고 계획을 세우고 실행하라. 둘째, 그것을 위해 대가를 미리 지불하라. 미래를 위해 필요한 것은 연습이다. 미래가 모든 면에서 완벽하다고 상상하라. 장애물도 없고 모든 조건을 갖췄다고 생각하고 원하는 것을 하라. 마법 지팡이로 인생을 완벽하게 할 수 있다면 어떤 인생을 꿈꾸는가? 꿈의 목록을 작성하라. 꿈을 이루기 위해 날마다 무엇을 해야 할지 적고 실행한다.

셋째, 자기 분야에서 최고가 돼라. 성공한 사람은 자기 일에 뛰어나다.

⑤ 실패에 대해 올바로 이해하라

실패는 문제가 될 수 없다. 성공의 가장 큰 걸림돌은 실패를 두려워하는 것이다. 성공한다는 보장이 없어도 시작할 수 있어야 한다. 시작하면 결과가 있다. 시도하고 교훈을 얻어라. 지속하는 마음, 끈기. 무슨 일이 있어도 포기하지 않는다. 포기란 없다고 결정하면 실패해도 다시 일어난다. 인간은 실패를 반복하나, 실패하면서 더 현명해진다. 일이 잘 안 되면 피드백을 해야 한다. 반복되는 실패와 피드백을 통해 더욱 똑똑해진다. 성공한 사람은 실패를 통해 교훈을 얻는다. '느긋하게'는 패자의 용어다. 철저하게 완수하라.

⑥ 한 가지에 집중하라

일할 때는 일만 하고 동료와 잡담하지 마라. 회사에서는 일만 하라. 누가 와서 얘기 좀 하자고 하면 퇴근 뒤에 하고, 당신이 내 업무를 방해하고 있다고 말하라.

⑦ 흔들림 없는 적극적 긍정주의자가 돼라

인생은 이 보 전진과 일 보 후퇴다. 탄력과 회복력이 좋아야 한다. 인간의 두뇌는 나쁜 일이 일어나기 전에 알아서 준비한다. 일이 뜻대로 되지 않는 경우가 많지만, 다시 일어서야 한다. 가장 원하는 것을 생각하고 말하라. 어떤 상황도 불평불만이나 비난하지 말고 감사하라. 그러면 모든 불행이 행운으로 바뀐다.

—브라이언 트레이시의 공개 강의를 바탕으로 재작성

자가 발전력

평생 절박함이 없는 사람은 동기의 자가 발전력도 미약하다. 흡연이 폐암의 일부 원인이라는 것이 입증되었고, 집안에 폐암 환자가 있는데도 금연하지 못하는 것은 폐암의 고통을 직접 경험하지 않았기 때문이다. 인간은 당하고 나서도 습관을 바꾸지 못할 만큼 습관의 중독성이 강력하다. 작심삼일을 작심일일로 쪼개어 도전해도 실천하지 못하면 반나절로 쪼개고, 그것도 안 되면 그보다 작은 단위로 쪼개야 한다.

확신은 작은 성공에서 출발한다. 무슨 일이든 처음부터 기대를 가지고 한 번에 큰 성공을 거두겠다고 하면 도중하차하기 쉽다. 작은 성공을 반복하여 확신을 강화하는 것이다.

사람은 자신의 생존과 그 생존을 지속적으로 유지하기 위한 이기심에서 벗어나기 어렵다. 사랑이 순수하게 타인을 향한 것이라는 생각은 특별한 소수에게 적용되는 말이다. 이타적이 되려면 긍정의 바탕에서 이기적이 되어야 한다. 지금 돈이 없어 굶주린 사람이 다른 굶주린 사람에게 해줄 수 있는 것은 없다. 마음의 위로가 있지 않느냐고 말하지 마라. 가혹한 인내다. 굶주린 사람에게 위로가 되는 것은 먹을 수 있는 음식이다. 우리는 가진 것이 없어도 남을 도울 수 있다고 말한다. 그러나 이것은 타인이 아니라 자기 입장에서 보는 편견이다. 배고픈 사람에게 필요한 것은 먹을 것이지 위로가 아니다. 자기 배도 채우지 못하는 사람이 타인의 굶주림을 어떻게 해결하는가. 타인을 돕고 싶을 때 도울 수 있는 진정한 자유인이 되자.

인생 전략에 대한 질문 3가지

1. 당신의 버킷 리스트는 무엇인가?

_____
_____
_____
_____

2. 당신은 경제적 자유를 위한 파이프라인이 몇 개나 있는가? 당신은 파이프라인을 추가로 건설할 수 있다. 당신은 어떤 기준으로 파이프라인을 건설해야 하는가?

_____
_____
_____
_____

3. 당신은 말하는 자인가, 듣는 자인가? 당신은 가족과 직장에서 어떤 방식으로 의사소통하고 일하는 사람인가?

_____
_____
_____
_____

실천 Tip 자기 경영자의 편지

드러커는 '경영자의 편지'가 조직의 사명, 목적, 목표, 결과(바라는 미래), 계획에 이르기까지 명확한 의사소통으로 구성원이 상사에게 제출하는 것이라 했다. 조직에서 경영자는 성과를 책임지는 사람이다. 개인 차원의 1인 자기 경영자도 이것을 자기 경영에 도입하여 자신이 주인인 나를 대상으로 작성하고, 약속과 책임을 기록하며, 자신과 의사소통하는 것이다.

해마다 1월이나 12월에 자기라는 주인과 의사소통하기 위해 자기 경영자의 입장에 서보자. 경영자의 편지는 A4 용지 한 장 이내로 만든다. 나날이 힘들어지는 현대 생활에서 변덕 심한 봄바람처럼 수시로 바뀌는 마음을 발견하고, 마음과 약속을 다지는 일이다. 자기 통제력은 각자 기준에 따라 성공이라는 의미가 다르지만, 학교로 생각하면 필수과목이다. 이 편지는 드러커가 경영자에게 조언한 '가장 중요한 다섯 가지 질문'을 활용하는 것이다. 인생 전략 설계도에서 작성한 것을 돌아보고 요약하는 것이 될 수도 있다. 경영자의 편지를 완성한 뒤에는 인생 전략 설계도의 첫 장에 넣는다.

① 내 인생의 사명은 무엇인가?
② 내 인생의 목적은 무엇인가?
③ 내가 인생에서 가치 있게 생각하는 것은 무엇인가? 즉 행동과 사건을 판단하는 기준으로 말하면 선택과 포기의 기준은 무엇인가?

④ 내가 바라는 결과는 무엇인가?

(예 : 피나게 연습하여 세계적인 재즈 피아니스트가 되었다면 그것은 내가 진정 바라는 결과가 아니라 성과다. 결과는 사명과 양립하는 것으로, 내 삶의 변화로 측정한다. 즉 내가 세계적인 재즈 피아니스트가 되어 희열과 행복을 느낀다면 그것이 결과다. 또 그로 인해 경제적 이득을 보아 내 삶에 현실적인 변화가 생기는 것이 결과다.)

⑤ 나의 계획은 무엇인가?

(계획은 전략 계획이며 실행 계획이다. 목적을 달성하기 위한 실천 사항을 간단명료하게 요약한 것이다. 계획은 내가 바라는 미래의 방향, 즉 결과를 만들어내기 위한 구체적인 실행 계획이다.)

Note

에필로그

자유인의 완성

체계적 폐기

자신을 독립된 자유인으로 완성하는 마무리는 폐기다. 청소는 더러운 곳만 하는 것이 아니다. 깨끗한 곳도 항상 청소해야 깨끗한 상태를 유지할 수 있다. 더러운 곳은 깨끗한 곳보다 자주 청소해야 깨끗해진다. 청소에는 쓰레기를 치우고 묵은 때를 닦아내는 것은 물론, 정리와 정돈이 포함된다. 정리와 정돈은 보관이 아니라 체계적 폐기다. 우리가 자유인이 되고자 하는 이유는 '원하는 일을 하고 싶을 때 할 수 있는 사람이 되고 싶어서'다. 자기가 사는 집, 일하는 회사의 쓰레기만 치운다고 청소가 끝나는 것이 아니다.

자유인의 사고와 행동도 습관의 결과이기 때문에 습관이 될 때까지 목표를 정하고 반복해야 한다. 정리 정돈은 필요하지 않은 것을 선별하여 폐기하고, 남아야 할 것을 제자리에 두는 일이다. 정보는 획득보다 관리하는 것이 중요하다. 청소는 환경을 깨끗하게 만들 뿐만 아니라 자신을 돌아볼 수 있는 기회를 주기 때문에 중요하다. 청소하면서 오늘 하루 자신이 어떻게 살았는지, 삶에 어떤 변화가 있었는지 알 수 있다.

청소에는 세 가지 방향이 있다. 정신적·육체적·경제적 청소다. 정신적 청소의 대상은 부정적인 마음, 무한 욕망, 가족이기주의 등이다. 육체적 청소의 대상은 게으름, 실행하지 않는 것, 10분이라도 운동하지 않는 습관 등이다. 경제적 청소의 대상은 부채와 자산의 방치, 더불어 나누지 못하는 습관 등이다.

일의 기본

보통 사람들은 일을 계획-실행-평가의 과정으로 수행하지만, 첫 출발은 계획이 아니라 시간자원의 분석이다. 전체 과정에서 폐기는 저절로 혹은 의도적으로 해야 한다. 생명체가 먹기만 하고 배설하지 못하면 사망할 수밖에 없다. 강물은 계속 깨끗한 물이 흘러들기 때문에 깨끗한 상태를 유지할 수 있다. 청소하는 요령은 주기적으로 일부나 전체를 바꾸는 것이다.

우리 몸은 평균 100일에 한 번 전체 세포가 새것으로 바뀐다. 가정에서 가장 좋은 청소 방법은 사용하던 방이나 가구를 주기적으로 옮기는 것이다. 기업도 마찬가지다. 어떤 조직이든 사람과 근무 장소를 순환시켜야 한다. 순환 이전에 폐기해야 함은 물론이다.

자유인의 의미와 정의는 사람에 따라 다양하다. 어떤 사람은 '아무 계획이 없는 상태'라 하고, 어떤 사람은 '자연과 유화하는 것'이라고 한다. 누구나 자유인의 본질이 몸, 마음, 돈에 구속됨 없이 자유롭다고 느끼는 순간이라는 데 동의할 것이다. 그 순간을 지속할 수 있는 길을 찾는 것이 이 책에서 다룬 내용이다.

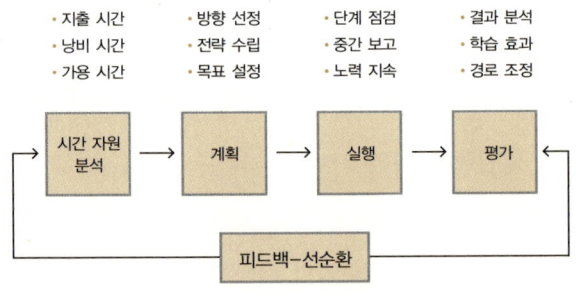

일의 기본 프로세스

각자 갈 수 있는 길은 여러 갈래다. 이 가운데 살아 있을 때 꼭 가고 싶은 길을 후회 없이 택하자. 인생이 한 편의 드라마라면 그 목표는 철학자 앨프리드 화이트헤드의 말처럼 "사는 것, 잘 사는 것, 더 잘 사는 것"이다. 그 시나리오에서 자신이 믿는 가치와 욕망에 따라 행동하게 된다.

윤리 경영은 지속 생존의 필수 조건

자유인의 정의에는 평균이나 표준이 없다. 자기 마음의 주인이 되는 것이 자유인이다. 타인들이 나의 자유도를 평가할 수 없으며, 타인의 평가는 각자의 인생에 아무런 관심거리가 될 수 없다. 내게는 소중하고 놀라운 것이라도 타인에게는 관심의 대상이 되지 못하는 것이 대부분이다. 과학기술이 발달함에 따라 숨길 수 있는 것보다 숨길 수 없는 정보가 많아졌다.

"윤리 경영은 개인에 그치는 것이 아니라 기업에게는 생존의 필수 조건입니다. 베트남에서 외국 기업이 사업을 하려면 뇌물을 쓰지 않을 수 없다고들 말합니다. 그러나 나는 베트남에 들어갈 때 절대로 뇌물을 쓰지 않겠다고 다짐했습니다."

외국계 기업인 비브라운의 아시아퍼시픽 총괄 책임자 김해동 사장의 말이다.

결국 그가 이겼다. 비브라운의 베트남 법인은 윤리 경영을 통해 오히려 시장에서 신뢰받는 브랜드로 자리 잡았다.

당당한 자유인이 되려면 '털어서 먼지 나지 않는' 사람이 되어야 한다. 책잡힐 잘못이 있는 사람은 이해득실에 따라 그를 이용하려는 자의 요구를 받아들일 수밖에 없다. 자유인의 위치를 박탈당하는 것이다. 나는 정직과 도덕, 양심, 정의 같은 것이 인생의 목표라고 생각하지 않지만, 자유인이 되기 위해서는 이런 가치를 폐기해선 안 된다고 믿는다. 눈앞의 이익에 빠지지 않고 장기 이익을 추구하며, 끝까지 자기 통제력을 발휘할 수 있는 사람은 분명 자유인이 될 것이다.

겉보기와 허명에 속지 않아야

사람들은 아직도 학력과 학벌에 위축된다. 특히 우리는 일류 학벌을 갖춘 사람에게 선불 프리미엄을 주는 사회에 살고 있다. 그러나 학력과 인간성, 학벌과 인격, 재력과 공동체 정신은 아무런 상관관계가 없다. 초등학교밖에 나오지 못한 촌로에게서도 깨달음을 얻을 수 있고, 무학에 날 때부터 몸이 불편한 사람이라도 타인에게 선생이 될 수 있으며, 인격적으로 누구보다 훌륭한 사람이 많다. 기업에서 이력서를 보지 않고 철저하게 실력을 기준으로 신입 사원을 채용하면 고등학교 졸업자라고 해서 대학이나 대학원 졸업자보다 능력이 부족하다는 말을 할 수 없다. 일본에는 이력서에 학력 기재를 없앤 글로벌 기업이 많다.

고학력의 배경을 가지고 고관의 자리에 앉아 있는 자식보다 학력이 변변치 못하지만 인간성이 따뜻한 자식이 부모에게 효도하고, 불우한 사람에게 손을 내미는 데 인색하지 않은 것이 현실이다. 사회적으로 성공한 자식일수록 욕망이 크기 때문에 하는 일이나 만나는 사람도 많고, 그 때문에 부모를 찾아뵐 시간이 부족하다. 돌아가신 뒤에 후회하지만, 그 후회도 얼마 가지 못해 그들은 욕망의 무대로 바삐 돌아간다. 욕망의 힘은 자식이 부모에게 갚는 은혜의 사랑보다 강하다. 그러므로 욕망 관리에 승리한 사람이야말로 진정한 인격자다.

나의 주인은 나

타인의 노예로 살기 위해 태어난 사람은 없다. 그럼에도 수많은 사람들이 모순된 사회에서 평생 타인의 노예를 자청하거나, 권력자나 재력자의 노예가 되고 싶어 줄을 서는 기현상이 나타난다. 이는 가진 돈이 많고 적은 것과는 별개의 문제다. 주인이 대가로 제공하는 완장과 호의호식에 장기 이익이 가려지고, 자기 인생의 목적이 무엇인지에 따라 결정된다. 이 책을 통해 많은 사람들이 노예 생활을 과감히 버리고 진정한 자유인의 길로 들어서기를 간절히 바란다. 한 번뿐인 인생의 주인은 자기밖에 없고, 아무도 자기를 대신할 수 없다. 그런 의미에서 이 책은 노예 석방권이다.

다시 말하지만 양심과 도덕을 철저하게 지키는 것이 인생의 목적이나 목표가 될 수 없다. 그러나 그것을 무시하면 반드시 화살이 되어 자신에게 돌아오기 때문에 폐기할 수 없는 요소다. 자신과 사랑하는 가족을 위해 도덕과 경제가 나란히 손잡고 앞으로 가는 사회 구성원이 되자. 그날이 우리가 자유인이 되는 날이다.

자유인이 되는 것은 만만치 않은 도전이다. 욕심과 욕망을 관리할 수 있어야 하고, 양심이라는 마음의 주인이 되어야 하기 때문이다. "나는 지금까지 살면서 불법, 탈법, 비양심, 비도덕적 행동을 한 적이 없다"고 말할 수 있다면 그는 자유인의 플랫폼에 서 있는 사람이다. 현대사회의 공동체 구성원으로서 모든 법을 준수하며 살 수 있는 사람은 흔치 않다. 법이란 상식으로 극복하기에는 너무 복잡하여, 자기도 모르는 사이에 불법을 저지르는 경우가 흔하다. 자유인이 되는 가장 빠른 길은 욕망의 한계를 정하는 것이고, 가장 쉬운 길은 자신을 알고 욕심을 버리는 것이다.

개인의 치부나 가족의 속내까지 만천하에 드러내야 하고, 심지어 그 감투를 쓰기 위해 가족을 거짓말쟁이로 만드는 사람들이 있다. 주로 정치 쪽에 줄을 댄 사람들, 고위직 완장을 차려는 사람들은 자유인에 다가가는 것이 아니라 노예의 수렁으로 빠지고 싶어 안달한다. 그들이 삶의 이치를 깨닫고 타인에게 봉사하기 위해 자신과 가족의 모든 사적 정보를 드러낸다면 고개 숙여 존경을 표할 일이지만, 그런 사람은 극히 드물다. 국가와 사회를 위해서라고 위장하는데, 이렇게 말하는 사람은 국가를 위해 목숨 걸고 일하지 않는다. 그런 사람은 타인을 위한 봉사를 생각하기 전에 가족의 삶을 소중하게 보살필 줄 알기 때문이다. 부모도 제대로 돌보지 않고 방관하면서 사회봉사니, 종교 단체의 봉사니 열심인 사람들은 무엇을 기대하고 그러는지 도무지 공감이 가지 않는다.

이 나라의 머슴이 되겠다는 사람이 지도자로 나선다면, 그야말로 국민에게 군림할 사람이라고 생각할 수밖에 없다. 머슴은 국가의 주인인 국민이 시키는 대로 해야 하는데, 국가 경영자는 시키는 대로 해서는 바른 방향으로 갈 수 없다. 자신의 사명, 목적, 목표를 국민과 공감을 이루어 결과를 만들어내야 하는 자리다. 머슴이 되겠다는 정치인이나 대통령 가운데 주인 행세하지 않은 사람이 누가 있는가?

무임승차가 거절되는 자유인의 길

자유인의 길은 절대 무임승차가 없다. 그 티켓을 획득하기까지 반드시 다리를 건너야 한다. 자유인의 길이 그렇게 쉬운 길이라면 오늘날 세상은 자유인으로 차고 넘칠 것이다.

인생을 망치고 동시에 성공할 수 있는 두 가지 도구는 말과 돈이다. 다시 말해 자신의 능력 이상으로 잘나고 싶다는 것과 필요 이상 부를 획득하고 싶다는 욕망이다. 이 두 가지는 쟁취하기까지 사람을 비굴하거나 정직하지 못하게 만들기도 한다.

이 두 가지는 발전의 중요한 동기다. 그러나 동기가 좋다고 과정이 무시될 수 없다. 좋은 동기를 원동력으로 올바른 과정을 밟자. 사람이 마음의 평온을 위해 돈과 지위를 내던질 수 있을까? 성공하기 위해서는 좋아하는 일을 하고 그것을 통해 원하는 만큼 돈을 벌어야 하는데, 그 바탕이 강점 경영이다.

우주 에너지를 이용하는 법은 자신이 원하는 것에 집중하고, 이루어진 모습을 상상하는 것이다. 자신이 원치 않는 일은 말도 하지 마라.

인생에서 자유인이 되려면 티핑 포인트 tipping point를 지나야 한다. 이는 석공이 큰 돌을 쪼아서 깨나가는 것과 같이, 처음에는 작은 흔적으로 시작된 돌 쪼기가 어느 순간 망치질 한 번으로 큰 돌이 두 조각나는 것이다. 보이지 않는 꾸준한 노력의 에너지가 폭발력을 내는 순간이 티핑 포인트다. 이 경계를 넘는 자만이 자유인의 세상에 진입할 수 있다.

여기에서 가장 중요한 행동 원칙은 자기 통제력이다. 자유와 책임은 정비례한다. 자유가 많이 주어지면 그에 따라 책임도 증가한다. 자유가 없는 노예에게 책임을 묻는 것은 사리에 맞지 않는다. 철없는 아이들이 저지른 불장난으로 화재가 발생했다고 그 아이들에게 책임을 지울 수 있는가?

워런 버핏은 한 대학의 초청 강연회에서 다음과 같이 말했다.

"난 사실 여러분과 전혀 다르지 않습니다. 어쩌면 나는 여러분보다 돈이 많을 수 있겠지만, 그것은 여러분과 나의 진정한 차이가 되지 못합니다. 물론 나는 최고급 양복을 살 수 있지만, 내가 입으면 싸구려처럼 보입니다. 게다가 내 입맛에는 100달러짜리 고급 음식보다 패스트푸드점의 치즈버거가 맞습니다. 여러분과 나 사이에 차이가 있다면 나는 매일 아침 일어나서 하고 싶은 일을 할 수 있는 기회가 있다는 사실입니다. 날마다 말이죠. 이 말이 내가 여러분에게 해줄 수 있는 최선의 충고입니다."

이 말은 어떤 의미일까? 나는 워런 버핏이 자신의 강점을 잘 알고, 이를 바탕으로 성공해왔으며, 강점을 사용하는 일을 즐긴다고 느꼈다. 워런 버핏은 복잡한 주식 투자 이론을 믿지 않고, 자신이 이해할 수 있는 사업에 장기적으로 투자했다고 한다. '강점에 집중해야 하는 이유는 성공과 직결되기 때문이다'라는 전략적 차원을 넘어서 강점에 집중하는 것이 '행복한 삶'의 토대를 만들어준다고 생각한다. 사람은 약점 때문에 고통 받을 수 있지만, 강점 때문에 자신감과 성취감을 얻을 수 있다. 어디에 집중해야 할까? 버핏의 말처럼 부자가 얻을 수 있는 가장 큰 혜택은 하고 싶은 일을 원하는 때 할 수 있다는 것이다.

행동과 실천

우리는 왜 공부해야 하는가? 흔히 책 속에 길이 있다고 하고, 성공을 쟁취하고 행복을 발견하기 위해 책을 읽는다고 한다. 그러나 수천 권을 읽어도 바라는 바를 얻지 못하고 행복을 발견하지 못한다면 공부가 무슨 소용인가? 문제는 책을 읽고 공부해도 '행동'과 '실천'이 따르지 않는 것이다. 부자가 되는 법, 건강하게 장수하는 법, 행복을 찾는 법 등 수많은 책이 있으나 사람들이 그 책에서 안내하는 대로 실천하지 못하기에 공부가 소용없다.

책을 읽는 목적이 거기에서 무언가 끄집어내 이용하는 것보다, 자기의 철학과 가치관의 밑거름이 되도록 활용하는 것이라는 생각이 필요하다. 소화해서 순환시키자는 것이다. 그 배움을 토대로 자기 인생의 플랫폼을 만들고, 새로운 것이 들어올 수 있도록 필요 없는 것을 폐기해야 한다.

우리는 해답을 몰라서 바라는 바를 이루지 못하는 것이 아니라, 지속적으로 실천할 수 있는 동기와 인내력 부족이 원인이다. 골프 경기에서 아무리 퍼팅 방향이 좋아도 타격이 약해서 공이 충분히 굴러가지 못하면 절대 홀에 들어가지 않는다. 듣고 보고 알아도 실천이 따르지 않으면 절대 자유인이 될 수 없는 것도 같은 이치다.

한계 풍요의 자유인

나이 들수록 인간의 경직성은 증가한다. 나이가 많을수록 인간 생활을 하는 동안 타협과 친해지고, 나이가 적을수록 정의와 공정, 공평 같은 도덕적 요소에 끌린다. 나이가 들수록 도덕적 삶이 인간 생활의 가이드라인이 될 수 없으며, 큰 의미가 없다는 생각으로 자기 합리화하는 것이 인간이다.

그런데 오늘날 한국의 청년들이 이를 보고 따르는 속도가 더 빨라지고 있다. 각박한 자유인보다 풍요로운 노예의 삶이 좋다는 말이다. 자유인은 각박한 삶으로 획득할 수 있는 것이 아니다. 반드시 한계 풍요의 자유인이 되자. 무한 풍요의 자유인이란 존재할 수 없다. 재화의 노예가 될 뿐이다.

길이 없다고 갈 수 없는가? 이 길은 좁지만 갈 수 있는 길이다. 좋은 습관이 인생에서 성공하는 마법 지팡이의 반이라면, 자기 통제력이 나머지 반이다. 이 두 가지를 단단히 거머쥐어야 행복하고 풍요로운 자유인으로 성공했다고 말할 수 있다. 육체적 자유인(건강한 신체), 정신적 자유인(생각하는 능력), 경제적 자유인(한계 풍요의 재화)은 우열과 선후를 가릴 수 없는 요소이므로 세 가지 모두 성취해야 한다. 우리는 시간에서 자유로울 수 없지만, 자유인이 되었을 때 한계 시간의 주인이 될 수 있다. 그 이전에 위대한 것은 시간뿐임을 잊지 마라.

원효대사가 말했다.
"옳다 그르다, 길다 짧다, 깨끗하다 더럽다, 많다 적다를 분별하면 차별이 생기고 차별하면 집착이 생긴다. 모두 놓아버려라. 바다는 천 개의 강, 만 개의 하천을 받아들이고도 푸른빛 그대로요 짠맛 또한 그대로다."

모든 경계에서 자유로운 사람이 되라는 말이다. '어떻게 살아야 잘 사는가'에 대한 화두다.

진정한 성공

성공한 사람은 타인의 긍정적인 성취와 발전에 도움이 되는 사람이고, 몸부림치지 않아도 노력과 헌신을 인정받아 타인에 의해 자신이 원하는 것을 가질 수 있는 사람이다. 미래에 과거를 후회하는 일을 최소화하려면 현재의 선택이 미래에 어떤 영향을 미칠지 그 인연과보의 법칙을 상상해봐야 할 것이다. 진수성찬이 눈앞에 있는데, 나는 지금 과체중 상태다. 이 성찬을 먹으면 바로 체중이 더 불어날 것이다. 이제 나의 선택은 그 상태를 흔쾌히 받아들일까 하는 문제로 바뀐다.

인간은 과거 때문에 흥하고 과거 때문에 망한다. 과거는 현재의 산물이지만, 후회 없는 자신의 역사를 만들겠다는 의지가 만족할 만한 미래로 이끈다. 현재는 순간이기에, 인생이란 결국 과거와 미래의 집합이다. 인생에서 성공하는 비결은 성공한 과거에 달렸고, 성공한 과거는 현재 시점에서 보는 미래의 선택에 그 열쇠가 있다. 인생은 내가 지금 바라보는 미래가 좌우한다. 그러므로 내가 바라는 자유인이라는 미래를 위해 현재의 자산으로 최선의 과거를 만들자.

책을 마치면서 묻는다.

① 당신은 자유인인가?
② 그렇다면 당신은 이 책에서 말하는 자유인의 자격에 부합하는가?
③ 당신은 오늘 무엇을 폐기할지 정해놓았는가?
④ 당신은 자신의 강점이 무엇인지 발견했는가?
⑤ 당신의 사명은 무엇이며, 당신이 바라는 결과는 무엇인가?

이 질문에 막힘없이 답했다면, 당신은 이제 자유인 클럽의 멤버가 되었다. 축하한다.

감사의 말씀

사소한 계기, 큰 깨달음

인생은 사소한 계기가 큰 방향 전환의 단초가 된다. 이 책은 드러커의 경영 사상을 탐구하는 과정에서 나왔다. 우연과 필연이 반복되는 인간 생활에서 우연히 제출한 에세이를 과분하게 평가해주시고, 드러커 연구와 실천의 계기를 만들어주신 한국 피터 드러커 소사이어티 공동대표이자 스승인 경희대 장영철 교수님에게 감사드린다.

가톨릭대학 석좌교수로 한국드러커센터 대표이며 드러커 사상을 전 세계로 전파하는 데 공헌하시는 (주)뉴패러다임연구소 문국현 대표님에게 감사드린다. 후학을 위해 작은 일도 성심성의껏 지원해주시고, 만만찮은 벤처 사업 환경에서 드러커 철학을 바탕으로 첨단 기업을 세계적 기업의 반열에 올려놓은 (주)파크시스템스 박상일 사장님에게 감사드린다. 더불어 사는 세상을 만들기 위해 자기 경영의 노력을 멈추지 않고, 드러커의 말처럼 세상에 공헌하기 위해 공부하고 베푸는 진정

기타

1. 일간지

2. 인터넷 포털

3. 유튜브

4. SERICEO

5. 김호종, '실용 트리즈 강의록'

6. 원불교 홈페이지(대종사 어록)

7. 성경

8. 선운설·최병업, '욕망 관리 특강'

9. 장영철, 'AI 특강' '피터 드러커 특강'

10. 애플 노트북, 아이폰

조영덕 趙英德 Cho Young-Duke

1960년생. 학부에서 전자공학, 석사 과정에서 국제경영을 전공했고, 현재 '사람과 조직'을 연구 과제로 경영학 박사 과정에 재학 중이다. 삼성그룹 등에서 세일즈 업무에 종사하다가 1997년부터 12년 동안 미국의 글로벌 기업 Adaptec, AT&T의 반도체 부문이 분사한 Agere Systems, 그래픽 반도체와 그래픽 카드의 양대 산맥인 ATI 등의 한국 법인 사장을 지냈고, 휴대폰용 반도체 회사 Qualcomm에서 반도체 부문 전무로 일했다. 현재 경영 기술자로 전자 부품과 에너지 관련 제품의 소규모 무역·유통·비즈니스 컨설팅 회사 (주)쿠스텍코리아 사장. 한국 피터 드러커 소사이어티(PDS) 이사. 글로벌 인재 양성을 목표로 하는 글로벌인재경영원(GTMi) 이사.

피터 드러커의 선물
자기 경영의 조건

초판 1쇄 인쇄 2012년 8월 20일
초판 1쇄 발행 2012년 8월 25일

지은이 조영덕
펴낸이 우좌명
펴낸곳 출판회사 유리창
출판등록 제406-2011-000075호(2011.3.16)
주소 413-756 경기도 파주시 문발동 파주출판도시 535-7
　　　　세종출판타운 402호
전화 031)955-1621
팩스 0505)925-1621
이메일 yurichangpub@gmail.com

ISBN 978-89-97918-01-0 13320

ⓒ 조영덕 2012

* 책값은 뒤표지에 있습니다.
* 잘못된 책은 구입한 곳에서 바꿔드립니다.

이 책을 먼저 읽은 CEO들

공정하게 거래하고 투명하게 경영하는 것이 윤리 경영이다. 이는 경영자의 책임이다. 저자는 이 책을 통해 윤리 경영의 본질을 제시하고 있다.

> 남승우_ 풀무원홀딩스 회장, 한국 피터 드러커 소사이어티 공동대표

누구나 인재가 될 수 있는 훌륭한 인생의 지침서가 나왔다. 양심과 정의를 강조하면서 자유인이 되려는 미래의 인재들에게 꼭 필요한 자기 계발서다.

> 윤경로_ 듀폰코리아 부사장, 글로벌인재경영원 원장

피터 드러커를 통한 사원과 CEO를 위한 기업과 인생 경영의 학습서.

> 이강호_ 한국그런포스펌프 대표, 경영학 박사

자유인이 되기 위한 자기 경영에 도전하는 것은 당연히 위험을 동반하지만, 이 책을 참고로 꼭 해볼 만한 일이다.

> 이동형_ 런파이프 대표, 싸이월드 창업자

자유인의 꿈을 품은 사람들에게 권한다. 이 책이 그 꿈을 펼치도록 하는 날개가 될 것이다.

> 이행희_ 한국코닝 대표, 다국적기업최고경영자협회 회장, 경영학 박사

만찬》, 명진출판

18. 김상운(2011), 《왓칭 WATCHING : 신이 부리는 요술》, 정신세계사
19. 허버트 펜스터하임 · 진 베어(2007), 《아니오라고 하고 싶을 때 예 하지 마라 : 자기주장에 관한 인간관계 심리학》, 말글빛냄
20. 박상일(2011), 《내가 산다는 것은》, 조선뉴스프레스
21. 법륜(2010), 《스님의 주례사 : 행복한 결혼생활을 위한 남녀 마음 이야기》, 휴
22. 데일 카네기(2010), 《데일카네기 자기관리론》, 강성복 옮김, 리베르
23. 김성호(2009), 《일본전산 이야기》, 쌤앤파커스
24. 마빈 토케이어(2011), 《영원히 살 것처럼 배우고 내일 죽을 것처럼 살아라》, 주덕명 옮김, 함께북스
25. 박석무(2011), 《다산 정약용 일일수행 1 · 2》, 생각의나무
26. 앨프리드 노스 화이트헤드(1998), 《이성의 기능》, 김용옥 옮김, 통나무
27. 피터 드러커, "5 Most Important Questions"
28. Douglass, Merrill E., Douglass, Donna N.(1993), 《Manage Your Time Your work Yourself》, American Management Association

6. 피터 드러커(2008), 《피터 드러커의 매니지먼트 세트 : 경영자가 꼭 알아야 할 현대 경영학의 모든 것》, 조성숙·이건·박선영 옮김, 21세기북스

7. 피터 드러커(2003), 《피터 드러커의 자기경영노트》, 이재규 옮김, 한국경제신문사

8. 기타 야스토시(2009), 《경영의 신 마쓰시타 고노스케와 함께하는 동행이인》, 박현석 옮김, 21세기북스

9. 최인철(2011), 《프레임 : 나를 바꾸는 심리학의 지혜》, 21세기북스

10. 윤석철(2001), 《경영학의 진리체계》, 경문사

11. 윤석철(2011), 《삶의 정도 : 윤석철 교수 제4의 10년 주기 작》, 위즈덤하우스

12. 윤석철(2005), 《경영·경제·인생 강좌 45편》, 위즈덤하우스

13. 도올 김용옥(2011), 《중용 인간의 맛》, 통나무

14. 조지 베일런트(2010), 《행복의 조건 : 하버드대학교 인생성장보고서》, 이덕남 옮김, 프런티어

15. 새뮤얼 스마일즈(2006), 《새뮤얼 스마일즈의 자조론》, 공병호 옮김, 비즈니스북스

16. 최재천(2007), 《최재천의 인간과 동물 : 자연에서 배운다 알면 사랑한다》, 궁리

17. 최재천(2011), 《통섭의 식탁 : 최재천 교수가 초대하는 풍성한 지식의

참고 · 인용 자료 출처

아래 적은 것 외에도 많은 참고 도서와 자료가 있다. 이 세상에 내가 창조한 지식은 없다. 나는 종전 지식을 학습하고 연구함으로써 모든 지식을 발견하고 조합했을 뿐이다.

단행본

1. 김해석(2001), 《왜 사는가 왜 죽는가》, 해누리
2. 빅터 프랭클(2012), 《빅터 프랭클의 죽음의 수용소에서 : 죽음조차 희망으로 승화시킨 인간 존엄성의 승리》, 이시형 옮김, 청아출판사
3. 하야시 노부유키(2010), 《스티브 잡스의 명언 50》, 김정환 옮김, 스펙트럼북스
4. 리처드 J. 라이더 · 데이비드 A. 샤피로(2011), 《인생의 절반쯤 왔을 때 깨닫게 되는 것들 : 자신을 위한 삶의 우선순위를 다시 정하는 법》, 김정홍 옮김, 위즈덤하우스
5. 탈 벤-샤하르(2007), 《해피어 : 하버드대 행복학 강의》, 노혜숙 옮김, 위즈덤하우스

한 자유인 최병업 박사님에게 감사드린다. 1986년 사회생활의 첫 상사로 시작된 멘토의 인연으로 언제나 지도 편달을 아끼지 않으시는 구광회 사장님에게 특별한 감사를 드린다. 윤리 경영을 현업에서 실천하여 내게 감동을 준 엑슨모빌의 강영석 회장에게도 감사드린다.

여전히 배움이 부족한 사람이지만, 언제나 믿음과 격려로 가르침과 지원을 아끼지 않은 부모님과 형님, 형수님에게 감사드린다. 글에 대한 비평과 조언을 아끼지 않은 아내 최다인과 딸 유선, 유경에게 특별한 고마움을 전하고, 무엇보다 이 책을 쓰는 데 숨 쉬고 느끼고 생각할 수 있도록 해준 내 몸의 60조 개 세포의 협력에 고마움을 표한다.

이 책을 먼저 읽고 추천해주신 김종식 대표, 김해동 사장, 김효준 대표, 남승우 회장, 윤경로 부사장, 이강호 대표, 이동형 대표, 이행희 대표에게 감사드린다. 또 이 책을 읽을 모든 분들께 미리 감사의 말씀을 드린다. 부디 책에 나오는 조언을 잘 실천하여 자유인 클럽의 멤버가 되시기 바란다. 두 팔 벌려 환영할 것이다.

조영덕

기타

1. 일간지
2. 인터넷 포털
3. 유튜브
4. SERICEO
5. 김호종, '실용 트리즈 강의록'
6. 원불교 홈페이지(대종사 어록)
7. 성경
8. 선운설 · 최병업, '욕망 관리 특강'
9. 장영철, 'AI 특강' '피터 드러커 특강'
10. 애플 노트북, 아이폰

조영덕 趙英德 Cho Young-Duke

1960년생. 학부에서 전자공학, 석사 과정에서 국제경영을 전공했고, 현재 '사람과 조직'을 연구 과제로 경영학 박사 과정에 재학 중이다. 삼성그룹 등에서 세일즈 업무에 종사하다가 1997년부터 12년 동안 미국의 글로벌 기업 Adaptec, AT&T의 반도체 부문이 분사한 Agere Systems, 그래픽 반도체와 그래픽 카드의 양대 산맥인 ATI 등의 한국 법인 사장을 지냈고, 휴대폰용 반도체 회사 Qualcomm에서 반도체 부문 전무로 일했다. 현재 경영 기술자로 전자 부품과 에너지 관련 제품의 소규모 무역·유통·비즈니스 컨설팅 회사 (주)쿠스텍코리아 사장. 한국 피터 드러커 소사이어티(PDS) 이사. 글로벌 인재 양성을 목표로 하는 글로벌인재경영원(GTMi) 이사.

피터 드러커의 선물
자기 경영의 조건

초판 1쇄 인쇄 2012년 8월 20일
초판 1쇄 발행 2012년 8월 25일

지은이 조영덕
펴낸이 우좌명
펴낸곳 출판회사 유리창
출판등록 제406-2011-000075호(2011.3.16)
주소 413-756 경기도 파주시 문발동 파주출판도시 535-7
　　　　　세종출판타운 402호
전화 031)955-1621
팩스 0505)925-1621
이메일 yurichangpub@gmail.com

ISBN 978-89-97918-01-0 13320

ⓒ 조영덕 2012

* 책값은 뒤표지에 있습니다.
* 잘못된 책은 구입한 곳에서 바꿔드립니다.

이 책을 먼저 읽은 CEO들

공정하게 거래하고 투명하게 경영하는 것이 윤리 경영이다. 이는 경영자의 책임이다. 저자는 이 책을 통해 윤리 경영의 본질을 제시하고 있다.

남승우_ 풀무원홀딩스 회장, 한국 피터 드러커 소사이어티 공동대표

누구나 인재가 될 수 있는 훌륭한 인생의 지침서가 나왔다. 양심과 정의를 강조하면서 자유인이 되려는 미래의 인재들에게 꼭 필요한 자기 계발서다.

윤경로_ 듀폰코리아 부사장, 글로벌인재경영원 원장

피터 드러커를 통한 사원과 CEO를 위한 기업과 인생 경영의 학습서.

이강호_ 한국그런포스펌프 대표, 경영학 박사

자유인이 되기 위한 자기 경영에 도전하는 것은 당연히 위험을 동반하지만, 이 책을 참고로 꼭 해볼 만한 일이다.

이동형_ 런파이프 대표, 싸이월드 창업자

자유인의 꿈을 품은 사람들에게 권한다. 이 책이 그 꿈을 펼치도록 하는 날개가 될 것이다.

이행희_ 한국코닝 대표, 다국적기업최고경영자협회 회장, 경영학 박사